航模原理及制作过程

主　编　李俊华

副主编　李　郁

编　者　李俊华　李　郁

成吉昊　郭衍振

西北工业大学出版社

西　安

【内容简介】 航空模型运动因有助于培养人们对航空运动的兴趣，锻炼动手能力及提高个人综合素质，在国内外越来越流行。航模原理包含许多学科的知识，如流体力学、数学、机械、控制等。本书系统地阐述航模的定义、分类、飞行原理以及制作过程，主要内容包括航模综述、航模的飞行原理、机翼、动力、航模的制作以及航模的调试与飞行等。

本书可用作高等院校飞行器专业、电气相关专业相关课程的教材，也可供航模爱好者阅读参考。

图书在版编目（CIP）数据

航模原理及制作过程 / 李俊华主编. — 西安：西北工业大学出版社，2023.7

ISBN 978-7-5612-8837-5

Ⅰ. ①航… Ⅱ. ①李… Ⅲ. ①航模-制作-青年读物 Ⅳ. ① G875.3-49

中国国家版本馆 CIP 数据核字（2023）第 131885 号

HANGMO YUANLI JI ZHIZUO GUOCHENG

航模原理及制作过程

李俊华　主编

责任编辑：曹　江　　**策划编辑**：杨　军

责任校对：胡莉巾　　**装帧设计**：董晓伟

出版发行：西北工业大学出版社

通信地址：西安市友谊西路 127 号　　邮编：710072

电　　话：(029) 88491757，88493844

网　　址：www.nwpup.com

印 刷 者：西安五星印刷有限公司

开　　本：787 mm×1 092 mm　　1/16

印　　张：8.25

字　　数：152 千字

版　　次：2023 年 7 月第 1 版　　2023 年 7 月第 1 次印刷

书　　号：ISBN 978-7-5612-8837-5

定　　价：36.00 元

前　言

航空模型运动是当前流行的一种运动，本书以模型飞机为例，介绍模型飞机的飞行原理、组成部分、制作过程及工程应用等。航模运动是一项高雅、休闲的运动，航模运动对场地要求极高，要有开阔空旷的大面积空域和笔直平整的跑道，当前，我国的城市中这样的场地少之又少。此外，航模运动含有很高的技术含量，是“三分天上飞行，七分地下调试”的运动，能体现出航模爱好者的知识储备、动手能力以及解决问题的能力。

通过航模运动，航模爱好者能接触到多种知识和技能——从空气动力学到材料结构等有关知识，从加工工艺到调整试飞等有关技能，从现实飞机到新型飞机的创造构思，航模运动使其爱好者具有动手又动脑的特性。航模爱好者在实践活动中能获得积极的情感体验，或通过自己的努力而享受创造的喜悦，或在克服困难获得成功中体察到自身的价值和满足感，这些无疑有利于培养航模爱好者自主、自立、自信、自强和自律等优秀品质。

航模活动有助于航模爱好者树立远大的理想，为了制作出一架预想中的模型飞机：必须按客观规律办事，树立科学、求实的思想观念；必须有坚定的意志和顽强的毅力以经受困难和挫折的考验；必须善于和他人相处，善于学习他人的长处，建立起集体主义观念。在航模运动中，爱好者们逐步学会观察和分析，逐步提高思辨能力和认知水平。

本书是笔者根据多年来指导学生参加航模竞赛积累的知识整理编写而成的。具体编写分工如下：李俊华担任主编，负责全书的组织规划、修改、统稿和定稿工作；李郁担任副主编，负责具体内容和知识点的把控。前言和第1、2章由李郁编写，第3、4章由李俊华编写，第5章由成吉昊编写，第6章由郭衍振编写。

本书由史仪凯教授审阅，并提出了宝贵意见和修改建议。

本书在编写过程中，得到了西安明德理工学院智能制造与控制技术学院、教务处、科研处同志们的关心和支持，对他们表示感谢。同时，参阅了国内外同行的相关文献、资料，在此，对其作者一并致以诚挚的谢意。

由于笔者水平有限，书中难免存在不足之处，恳请广大读者批评指正。

编　者

2022年9月

目　录

第1章 航模综述

1.1 航模的定义

航空模型，通常被称作航模。一般认为：不能飞行的，以某种飞机的实际尺寸按一定比例制作的模型叫飞机模型；能在空中飞行的模型为模型飞机，也叫航空模型。飞机模型是指已经存在的、可以实现设计用途的、按一定比例制作的模型，而航空模型是指具有飞行能力的模型。在国际航联的竞赛规定中，航空模型是一种重于空气的、有尺寸限制的、带或不带发动机的、不能载人的航空器。图1-1（a）（b）所示分别为空客A380模型和航空模型。

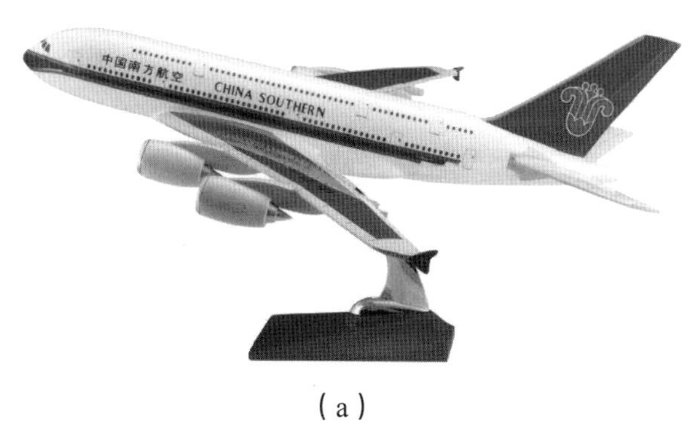

（a）

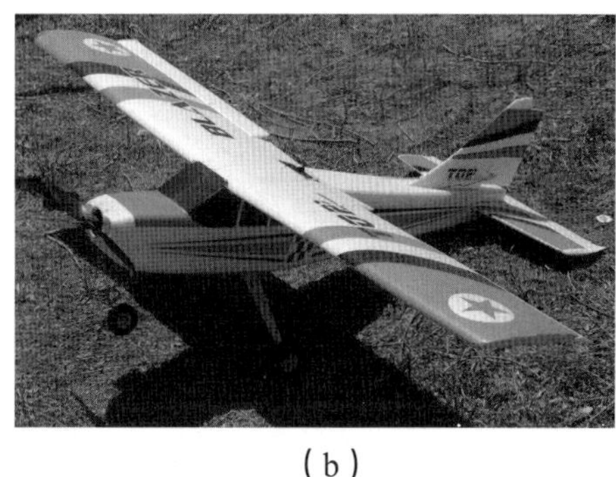

（b）

图1-1　飞机模型和航空模型

（a）空客A380模型；（b）航空模型

航空模型是各种模型航空器的总称，多为遥控器控制的模型飞机，也包括有线操纵和自由飞等非遥控类。操作航模飞行也被称为航空模型运动。航模飞行和操作原理与真飞机相同，因此操控比较困难。市场上售卖的遥控飞机操作较为简单，属于玩具类。专业的航空模型，各方面都是相对复杂的，可控制升降舵、方向舵、副翼和引擎等。初学者通常需要一段时间才能熟悉如何组装、调试和操控以及使用相关设备。

航空模型运动作为一项正式体育运动项目，和其他运动有诸多相似之处，例如，都有一些特有的操作技巧，都需要操作人员不断地练习以达到更高水平。航空模型运动还具有知识性和趣味性，通过参加这项运动，人们可以学到许多科技知识，培养善于动手动脑和克服困难的优秀品质。同时，飞行技术的提高，使操作人员可以体验飞行带来的乐趣，实现翱翔蓝天的愿望。图1-2为航模爱好者调试航模。

（a）

（b）

图1-2　航模爱好者调试航模

1.2　航模的发展史

航空模型历史悠久，它是伴随着人类航空事业的发展而产生的。在人类航空发展史上，早在滑翔机、飞机发明之前，探索人类飞行的先驱者，就模仿鸟类飞行的特征，尝试制造简单的飞行器，而许多探索者都先用航空模型开展飞行试验。在航空事业的发展中，对上升飞机的研究作出重大贡献的俄国科学家罗蒙诺索夫于1754年4月4日制造了世界上第一架飞行器模型。这架飞行器模型的原理很简单，两个螺旋桨装在同一根垂直轴上，以相反的方向旋转，即可产生升力。但由于它们的“发动机”弹力很小，因此这架飞行器模型不能飞上天空，但它却在人类历史上第一次证明了在水平面旋转的螺旋桨可以垂直飞行，即用螺旋桨可以产生升力。此后，研究人员推导出可以用来准确计算直升机螺旋桨的公式。这个原理的应用，使现代的共轴式直升机得到发展。

世界上第一架飞机的出现，也是首先借助于航空模型。俄国的亚历山大·费奥多罗维奇·莫扎伊斯基曾对海船的螺旋桨和鸟类的飞行进行了长期的研究。为了解决产生升力的问题，他多次进行飞行试验。在制造飞机之前，他按照自己的设计做了许多缩小的模型飞机，这些模型具有现代飞机的各个基本部分，3个螺旋桨是由钟表发条带动的。这些模型不但能在地上滑行，而且能凌空翱翔。模型飞机的试验证实了他在飞机大小、形状、螺旋桨拉力和质量等方面的计算和推测，他据此设计和制造了自己的第一架飞机。1882年7月20日，在彼得堡附近的红村，世界上第一架飞机飞上蓝天。模型飞机就是这样助力了世界上第一架飞机的诞生。直到现在，任何一种航空器的设计和制造，都是从制造和试验模型开始着手的。从飞机的发展历史不难看出，航空模型确实起到了不可或缺的作用，现在它已发展成一个专门的研究体系。例如，把新设计的飞机制作成航空模型，放在一种专门的试验设备——“风洞”中进行吹风试验，从而测量出各种数据，根据这些数据就可计算出要制造的飞机的性能。

自从世界上第一架飞机出现后，以航空飞行为主要内容的各种竞赛运动逐渐兴起，其中就包括航模运动。20世纪20年代，美、英、法、苏等一些国家已普遍开展了航模运动，并有了竞赛活动，当时航空模型的飞行距离已超过2 km。自1926年起，国际航空运动联合会每年都举办国际航空模型竞赛，出现了专为航空设计和生产的小型内燃机和遥控设备，使航空模型运动得到了发展，不但模型的种类越来越多，比赛项目也不断增加。高级航模竞赛现场如图1-3所示。

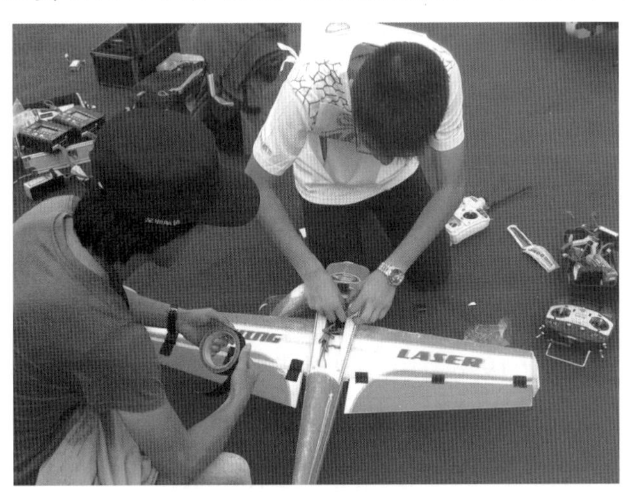

图1-3 高级航模竞赛现场

从20世纪50年代开始，国际航空运动联合会对航空模型的竞赛方法做了重大改革，把测定留空时间、飞行高度和直线距离等项目作为航空模型纪录项目，并设立了分类分项更为细致，对于模型飞机的尺寸、飞行质量、翼载荷以及动力方面均有严格限制的比赛项目。这些项目的共同特点是能在较短的比赛时间内，进行多轮次的比赛，从而减少因气象和场地等外界因素的影响而出现的偶然性事件，能比较真实地反映出运动员的技术水平。图1-4为航模爱好者。

图1-4　航模爱好者的合影

航空模型运动在世界各国普遍开展，在一些工业发达的国家，这项运动进行得更为频繁。很多国家都设有专门指导开展这项活动的组织机构。这些机构大致有3种形式：①完全由国家设置的专门组织机构，负责领导全国的航模运动；②半官方性质的组织机构，领导全国航模活动的机构由国家设置，对外代表本国参加国际航联，会员自愿参加，活动经费除部分由国家承担外，主要由会员和一些生产航模器材的厂商捐助；③民办性组织的民间团体。除国际活动外，国内航模活动基本属民办性质。

航空模型的世界性组织为国际航空联合会下属的国际航空模型委员会，总部设在法国巴黎，负责安排世界竞赛、修改规则和审批世界纪录等工作。目前已有50多个会员协会，我国于1978年10月被正式纳为会员。

航模的世界性比赛十分活跃，项目繁多。目前世界比赛已发展到7个大项，每个大项两年举行一次世界锦标赛。此外还有区域性的比赛，如欧洲和美洲等的洲际比赛。较大的国际性比赛每年多达30多次。

积极开展航模运动的国家有俄罗斯、美国、匈牙利、德国、瑞典、法国、丹麦、日本、中国、英国和朝鲜等。俄罗斯的航模运动历史悠久，群众性广泛，早期以研制、试验飞机为主，后来主要以培养青少年热爱航空事业、培养航空工业和空军后备力量为目的，有近百万人经常参加这项运动。俄罗斯航模运动的技术水平很高，近年来，牵引模型、小组竞速模型和自由飞模型等项目在世界上均名列前茅。俄罗斯是保持航模世界纪录最多的一个国家，在47项已公布的世界纪录中，俄罗斯就保持了18项。能与俄罗斯抗衡的是美国，航模在美国成为广大青少年学科学、用科学的一项运动，引起了人们广泛的重视。美国的航模运动水平也相当高，尤其在遥控模型项目上，位于世界前列。目前，美国保持15项航模世界纪录，仅次于俄罗斯。日本电子工业很发达，在遥控模型器材的生产方面，居世界前列，航模运动水平较高，曾获得世界冠军。

从世界竞赛情况来看，近年来国际航模运动技术水平有较大的提高，各国的差距在逐渐缩小，竞争十分激烈。尽管国际竞赛规则的难度一再提高，但有些项目获得满分的国家却越来越多。随着科技和工业的发展以及航模运动技术水平的提高，对航模的制作、飞行和操纵技术也必将提出更高的要求。

航空模型在我国有着悠久的历史，然而作为竞赛项目，开展的时间并不长。2 000多年前，我国就有了“航模”。据《韩非子·外储说左上》记载：“墨子为木鸢，三年而成，蜚一日而败。”又有《墨子·鲁问》：“公输子削竹木以为鹊，成而飞之，三日不下。”我国2 000多年前公输子（鲁班）用竹木料制成的飞行器能飞三天，可惜其制作方法早已失传。

1920年，在美国留学的中国学生桂铭新曾研究制作出一种航空模型，在航空协会举办的一场比赛中，以飞行高度400 m、留空时间68 s的成绩获得第一名。

1940年10月27日，香港《大公报》和几个文化团体，在香港联合举办了中国首次航模比赛。从1941年起，中国西南地区（成都和重庆）等地的一些航模爱好者，也开始进行航空模型的展览、表演和比赛。1947年，在南京举行了南京、上海、重庆、广州、北京、长春、沈阳、汉口和兰州等城市派人参加的航空模型比赛。1948年，在南京又举行了一次航空模型比赛。这是中华人民共和国成立前，我国规模比较大的两次航空模型比赛。有些地方和单位虽曾成立过航空模型的民间团体和组织，举办过航空模型比赛活动，但由于没有强有力的组织的推动，在国内没有形而广泛的影响力，技术水平也比较低。

中华人民共和国成立后，我国的航空模型运动得到了迅速发展与提高。党和政府从发展航空运动，特别是从培养青少年爱祖国、爱劳动、爱科学的战略目标出发，有组织、有目的、有步骤地开展了航空模型运动。

1951年，中央国防体育俱乐部（现改为中国人民国防体育协会）成立后，在短短几年内先后举办了7期全国性的航空模型专职干部和教练员训练班，使这项活动在全国迅速普及起来。先后有29个市和自治区建立了地方航空模型俱乐部，有计划地组织生产了多种型号、规格的航空模型发动机、木片、木条及遥控设备等专用器材，为这项活动的开展创造了良好条件。到1956年，航空模型运动已基本上覆盖全国各大、中城市和部分小城市。1956年8月10—24日，在北京举行了新中国成立以来的首次全国航空模型比赛，从此，每年都要举行一次全国性的航空模型比赛，项目数量不断增加，运动水平不断提高，一些项目相继达到国际水平。

1959年4月6日，在西安举行的一次航空模型创纪录测验中，王珙以22分27秒的成绩首次打破了活塞式发动机模型直升机留空时间的世界纪录。20天后，在北京举行的第二届全军运动会上，刘立天又以18.038 km的成绩打破了活塞式发动机模型直升机直线距离的世界纪录。同年9月，在北京举行的第一届全运会上，赵嘉祯和王永熙又以1 260 m的成绩打破了无线电遥控水上模型飞机飞行高度的世界纪录。这一年里，我国航模健儿打破了3项世界纪录。

1960年，是我国航空模型运动水平空前提高的丰收年，有14人、共12次打破世界纪录。之后，我国航模健儿不断突破世界纪录。1959—1984年间，共有50人、50次打破24项航模世界纪录，使我国这项运动一直保持世界先进水平。

1979年10月，中国首次派队参加了在美国加利福尼亚州塔夫特举行的世界自由飞航空模型锦标赛，并获团体总分第5名。1981年8月，在西班牙布尔戈斯举行的世界航空模型锦标赛中，中国航模队获两项团体亚军和一项个人第3名，同时，牵引模型滑翔机的团体总分成绩也进入了前8名。

1982年7月，在瑞典奥克罗松德举行的世界线操纵航空模型锦标赛中，中国队获两项团体亚军和一项个人第2名。1983年在澳大利亚举行的第21届自由飞航空模型世界锦标赛上，在有18个国家共137名选手参加的情况下，中国航模队一举夺得了国际级橡皮筋模型飞机比赛的团体冠军和国际级自由飞模型飞机的团体第3名，并获得了一些个人项目的好名次。

1984年9月，在美国纽约举行的世界线操纵航空模型锦标赛中，有23个国家和地区的共208名运动员参加，中国航模队经过顽强拼搏，获得了优异成绩。这是我国首次获得个人航模世界冠军。

2018年4月，在美国洛杉矶举行的2018SAE国际航空设计大赛（西部赛区）高级组竞赛中，北航歌尔航模队与来自美国、加拿大等11个国家的75支代表队展开激烈竞争，获得设计报告第三名、答辩展示第二名、飞行命中第一名，并以总分第一的成绩摘得高级组桂冠，同时以486.8分创造了该项赛事的世界记录。

2023年，在世界航天模型锦标赛中，上海运动员孙宏翔以三轮成绩总和532的高分问鼎s4a项目成年组个人冠军，为中国队摘得本届世锦赛的首枚金牌，并与上海运动员黄振迪共同摘得该项目的团体冠军，黄振迪在s9a项目中则为中国队收获一枚团体银牌。

1.3 航模竞赛

航空模型列入世界锦标赛的有12个项目，按惯例，分别举行世界自由飞行（3项）、线操纵圆周飞行（4项）、无线电遥控特技、无线电遥控模型滑翔机、像真机模型（2项）和室内模型等6个锦标赛。各锦标赛每两年举行1次。此外，还有欧洲锦标赛和各国公开赛。世界锦标赛和重大国际比赛通常采用每项由3名（或3组）运动员参加团体和个人比赛的办法，对获得前3名名次的选手给予奖励。航空模型运动不同于一般运动项目，选手必须用自己制作（装配）的航空模型参加竞赛，因此航空模型运动不仅是一项单纯的竞技运动，而且包含着丰富的工程技术理论和制作水平。航空模型的竞赛有下述4类。

1.3.1 自由飞行类

自由飞行类模型飞机在起飞后的全部飞行过程中，运动员与模型没有直接或间接的物质联系，它的飞行姿态、轨迹完全是由预先对它各个部位的调整决定的。模型飞机在空中飞行时没有任何约束，因此称为自由飞行类航空模型。按动力装置和飞行方式，自由飞行类航空模型又分为以下4种：①国际级牵引模型滑翔机。它是一种没有任何推进装置的模型滑翔机，靠运动员用一条50 m长的牵引线，像放风筝一样把模型牵引到空中，模型升到一定高度脱钩后，便在空中自由滑翔。由于这种模型的起飞采用的是牵引的办法，故称为牵引模型滑翔机，如图1-5所示。它是比赛留空时间的，比赛时，每名运动员要进行7轮次正式航模飞行。每次飞行的最大测定时间为180 s，超过最长测定时间的飞行不予计分。计时是从牵引线脱离模型时开始至着陆时停止。比赛成绩以7轮飞行的累计得分排列名次。如有2名以上的运动员在7轮比赛中全部获得满分（总成绩为1 260 s），则需在第7轮比赛结束后进行决赛，决赛时每轮飞行的最大测定时间应比前一轮的最长测定时间增加1 min（即第8轮比赛为4 min，第9轮比赛为5 min，以此类推）。②国际级橡筋模型飞机。它靠装在模型上一束扭紧的橡筋束（质量为40 g）或其他延伸弹性的物体，来驱动螺旋桨产生推力，使模型升空后转入滑翔（翱翔），因而称为橡筋模型飞机，国外也称之为延伸式动力模型飞机。比赛时，除计时是从模型飞机出手时开始外，其他比赛方法同国际级牵引滑翔机。③国际级自由飞模型飞机（其模型示意图如图1-6所示）。它是以气缸容积在2.5 mL以下的活塞发动机为动力，驱动螺旋桨产生推力，把模型飞机拉（推）到空中，之后转入自由滑翔（翱翔）的模型飞机。国际上称之为活塞发动机模型飞机（我国惯称为自由飞模型飞机）。它的比赛方法，除限制发动机工作时间不得超过7 s外，其他同国际级橡筋模型飞机。④国际级室内模型飞机。它是航模项目中一种最轻的在室内进行比赛的模型飞机，是以扭紧的橡筋束或其他延伸弹性物体为动力比赛留空时间的。比赛时，允许运动员放飞6次，取其中两次最好的成绩之和为比赛成绩。运动员为了适应室内比赛而把模型飞机做得很轻。但规则规定，模型飞机装橡筋束前的质量不得少于1 g。

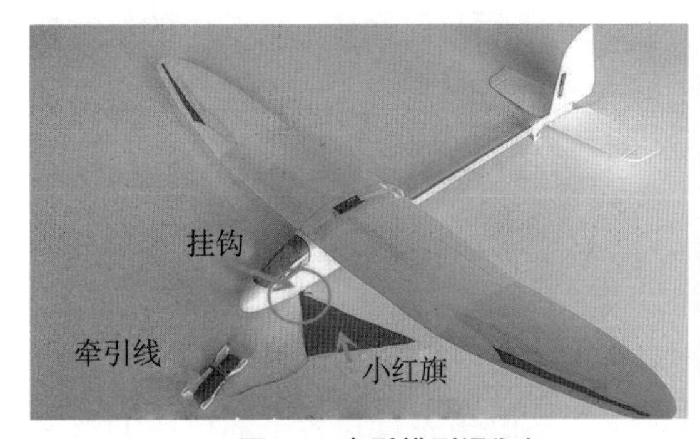

图1-5　牵引模型滑翔机

图1-6　自由飞模型飞机

1.3.2　线操纵圆周飞行类

线操纵圆周飞行类航空模型装有推进器（活塞发动机或喷气发动机），在飞行中由地面的运动员通过一根或几根钢丝或钢索操纵模型飞机。通过改变舵面的角度，达到改变模型的飞行姿态与高度的目的。这种模型飞机是围绕着运动员作圆周飞行的，故称为线操纵圆周飞行，其分为以下4种：①国际级线操纵竞速模型飞机。该机是以气缸容积在2.5 mL以下的活塞发动机为动力的竞速模型飞机。比赛时，运动员在场地中央，当模型飞机起飞后达到满意的速度时，把操纵手把放入位于场地中心的手叉上，这时测速裁判员即开始测速，至模型飞机飞满10圈（1 km）时停止。每场比赛，每个运动员可飞行3次，取1次最快速度作为该运动员的正式比赛成绩。②国际级线操纵特技模型飞机。该机是以活塞发动机为动力，完成规定的特技动作的模型飞机。比赛时，运动员在 7 min内按照规定顺序完成下列动作：起动发动机、起飞、双过顶、内筋斗、倒飞、外筋斗、内方筋斗、外方筋斗、内三角筋斗、横 8字、正方横8字、竖8字、竖三角8字、头顶 8字、4叶玫瑰线和着陆等。比赛分预赛和决赛两个阶段。预赛时，每个运动员进行两轮正式飞行，取其中 1轮较高成绩作为预赛成绩。预赛中前15名参加决赛。决赛也要进行两轮正式飞行。最后再从预赛和决赛中各取 1轮较高的成绩加起来决定名次。未进入决赛者，按预赛成绩决定名次。③国际级线操纵小组竞速模型飞机。该机是以气缸容积不超过2.5 mL的活塞发动机为动力的模型飞机。模型的外形是半像真式的。由于比赛时把3组人员（每组有操纵员、机械员各1人）编在1个飞行圈里同时飞行，所以国外也称之为编组竞速，我国惯称为小组竞速。比赛分预赛、半决赛和决赛。预赛时，必须飞10 km（100圈）。预赛中前9组进入半决赛，经过淘汰，剩下3组进行决赛。决赛时，飞20 km （200圈），快速者为胜。④国际级线操纵空战模型飞机。它的发动机同线操纵竞速模型飞机。比赛时，将模型飞机尾部系一条长3 m的彩色纸带。两名运动员站在同一个直径为6 m的圆圈内（操纵圈），各自操纵一架模型飞机，来“咬”对方尾部的纸带，以切断对方尾部纸带次数的多少决定胜负。比赛采用单淘汰制。到目前为止，这是航空模型比赛中，唯一的一个直接对抗性的比赛项目。

1.3.3　无线电遥控飞行类

此类模型飞机竞赛是由地面的运动员通过无线电遥控设备操纵它的各个舵面，其变化作用于模型飞机的空气动力，从而改变它的飞行姿态、航向、高度和速度，以完成规定的特技动作或飞行。此类模型飞机有以下3种：①国际级无线电遥控特技模型飞机。它是一种以活塞发动机为动力，完成特技动作的模型飞机。比赛时，运动员在规定时间内按顺序操纵模型飞机完成A、B两组不同的动作。A组动作有起飞、双半筋斗翻转、侧飞内筋斗、半滚竖8字、慢滚、大礼帽、横8字、1/4滚M字、外筋斗、螺旋、水平横滚、着陆。B组动作有起飞、反向双半筋斗翻转、半滚横8字、内筋斗、倒飞直线、竖8字、四位横滚、 倒飞外筋斗、双向横滚、半滚M字、眼镜蛇式横滚、着陆。预赛中的前5名运动员，再进行2轮自选动作的决赛。②国际级无线电遥控模型滑翔机。该模型飞机是一种没有推进装置的无线电遥控模型滑翔机。这种模型滑翔机一般有牵引、弹射和装有活塞发动机为动力的3种起飞形式，进行留空时间、距离和速度3项综合比赛。③国际级无线电遥控模型直升机。它是一种以活塞发动机为动力，带动围绕垂直轴旋转的旋翼系统获得升力和水平推进力的模型飞机。它是由地面运动员利用无线电遥控设备操纵模型直升机的各个操纵面，完成各种飞行动作的一种航空模型，目前尚未列入世界比赛，但在国外广泛开展。

1.3.4 像真模型类

像真模型类飞机是一种根据载人并成功飞行过的航空器，按一定比例缩小而制作的模型飞机。像真航空模型按控制方式分为自由飞行像真模型飞机\线操纵仿真模型飞机和无线电遥控仿真模型飞机。

航空模型竞赛项目除上述由国际航空运动联合会规定的国际级项目外，各国的航空模型组织结合本国情况还专门制定了适合在青少年中开展的初级项目，如我国的弹射、手掷模型滑翔机，橡筋模型直升机，1、2级牵引模型滑翔机，1、2级橡筋模型飞机，1级活塞发动机模型飞机，1级遥控特技和1级线操纵特技等。这些项目的技术要求比较简单，模型尺寸较小，易于制作，对飞行场地要求也不高，适用于活动普及。

1.4 航模（固定翼）种类

按外形以及操作难度，航空模型（固定翼）大致可分为练习机、滑翔机、特技机和像真机等。它们各有其明显的速度、操控以及外形区别，也有共同之处，并不完全独立。

1.4.1 练习机

练习机是适合练习的模型飞机，它的主要特点有速度相对较慢、较稳定，操控更容易。

航模里面目前常用的练习机有飘飘机、微风和塞斯纳等。通过制作这些模型，人们可对航模的基本结构和设备有所了解。下面分别介绍这3种机型。

（1）飘飘机：常见的机型叫作“好小子”，如图1-7（a）所示，该机采用上单翼，平凸机翼，背推（即发动机在飞机背部），以及常规的副翼、升降舵和方向舵，其优点是飞行稳定，安全，不易损坏电机和螺旋桨，也相对不易对人造成严重伤害。

(a)

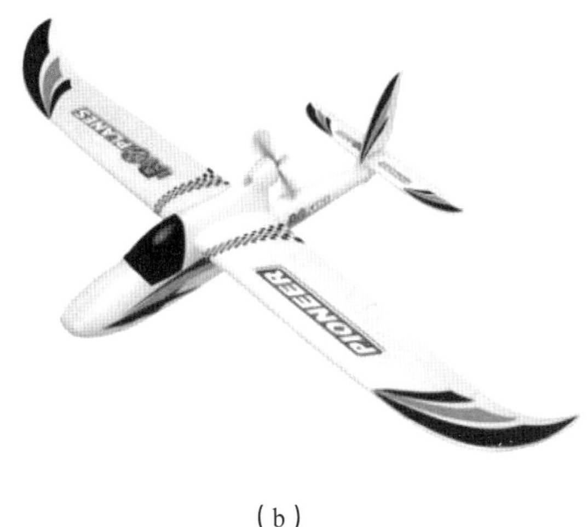

(b)

图1-7　“好小子”和“冲浪者”

（2）微风：微风多为爱好者制作的KT[1]材料飞机，其发动机位于机头，称为“前拉”。特别要注意的是，为了抵消反扭力矩和抬头力矩，一般前拉机的电机需要有一定的右拉和下拉角。其他特性和飘飘机类似。

（3）塞斯纳：塞斯纳是著名的教练机真机的模型，也是像真机。相对前两类练习机，其速度稍快，操作更灵活，外观好看。

1.4.2　滑翔机

滑翔机具有与飞机显著不同的狭长机翼（即较大的机翼展弦比），如图1-8所示，机身外形细长，呈流线体。高级滑翔机的机翼展弦比可达30以上，在设计上趋向于驾驶员躺卧舱中，以便减小机身截面积。机体表面光滑，甚至打蜡，以提高滑翔机的升阻比，减小滑翔飞行中的下滑角。人们常用滑翔比（滑翔中前进距离与下沉高度之比）来评估滑翔性能。由滑翔飞行的平衡关系可知，滑翔比与升阻比相等。现代高级滑翔机的最高升阻比已超过50。有的滑翔机机翼上还装有可操纵打开的减速板，用于在必要时增加阻力，或是在着陆下滑时调整下滑角，以便在指定地点准确着陆。动力滑翔机装有小型辅助发动机，无需外力牵引即可自行起飞，当到达预定高度时，关闭发动机进行基本的滑翔飞行。动力滑翔机可提高训练飞行的效率和安全性。

滑翔机的最大特点就是滑翔性能好。其具有飞行稳定、操作容易以及速度较慢等特性。

---

① KT：一种通过聚苯乙烯发泡方式制作的新型材料。

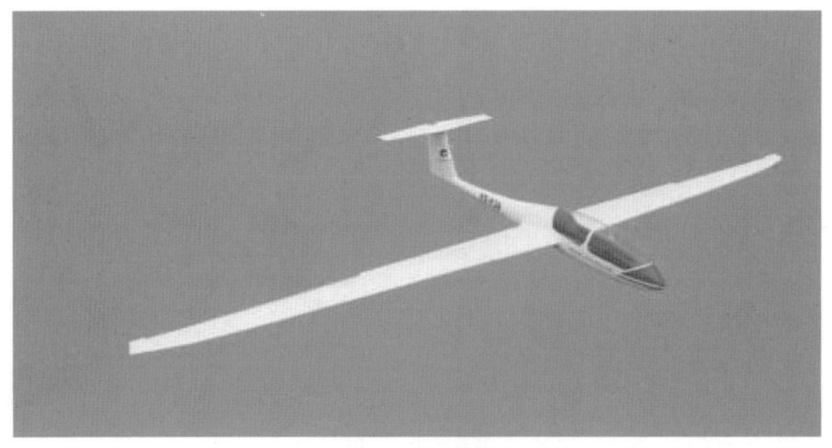

图1-8 滑翔机

滑翔机包括有动力与无动力两种，常见的滑翔机有“冲浪者”、DLG无动力滑翔机等。

“冲浪者”采用背推动力，没有起落架。与其他滑翔机不同的是，此滑翔机需要手抛起飞。由于其速度较慢、稳定、飞行时间长，常用于第一视角（First Person View，FPV）飞行和航拍等。

1.4.3 特技机

航模固定翼特技机按比赛类别分为遥控特技飞行特技机、花式飞行特技机等。F3A是遥控特技飞行特技机在国际航联规定中的比赛代码，但也常被作为该比赛机型的非正式称呼。3D则为各类花式特技表演用机，其机型多种多样，有真机的模型（像真机），也有室内超轻的3D等。特技机（见图1-9）的主要特点是灵活，其舵面面积非常大，推重比也很大。下面具体介绍。

图1-9 特技机示意图

（1）遥控特技比赛机型：具有非常明显的流线型构造，非常灵活，具有后三点起落架，几乎就是为了比赛而设计的。

（2）花式特技机：舵面很大，非常灵活。此外，因为通常选用大功率电机，其推重比很大，以便能做出各种失速动作。花式特技机飞行的特点在于形式多样，无特殊规定，其飞行技术和创新动作都在不断突破。

（3）室内3D机（见图1-10）：和花式飞行类似，但室内3D机很轻，一般是板材机身，材料多为epp、Depron板材，甚至直接在框架上蒙皮。此类模型飞机适合在室内等小场地飞行，姿态优美，空重很小，其抗风性能非常差，不适合外场飞行。

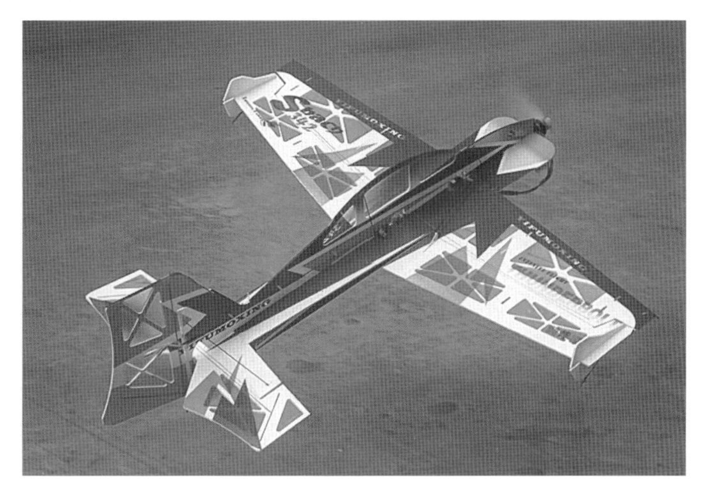

图1-10 室内3D机示意图

1.4.4 像真机

像真机，顾名思义即像真正的飞机，如图1-11所示，它以真机为原型进行设计。它们往往在外形、涂装及其他细节上尽量模仿真飞机，因此像真机比较细致、好看，但是像真机的操作难度一般很大，对飞行场地要求也更高。操作者需大量的基础飞行经验并慢慢适应，才能熟悉不同模型飞机的特性。图1-11为A10攻击机和它的航模，二者除了载荷不同外，外形上几乎一样。

（a）

（b）

图1-11 A10攻击机和航模

1.5 电动航模的常用设备

电动航模的常用设备有电机、电调、舵机、遥控器、电池以及螺旋桨等。

1.5.1 电机

电机主要分为有刷电机和无刷电机两种，有刷电机就是有电刷的电机，无刷电机则是没有电刷的电机。目前，航空模型上不常使用有刷电机，故对其不作详细介绍。图1-12所示为常用电机。

图1-12 常用电机

无刷电机相比有刷电机而言，效率更高，功率更大，低转速时扭力特性更好，是目前电动航模的大多数选择。无刷电机分为内转子和外转子，内转子壳不动而轴转，外转子就是轴跟壳一起转（底座固定）。内转子电机在尺寸和转速上有一定优势，外转子电机在扭力和散热等方面占据优势。

电机型号的命名是有规则的，根据型号名称可以大致判断出是否是自己需要的电机。电机型号4位数字中的前2位代表直径，后2位代表长度。各厂家的命名方式有所不同，常见多数品牌的电机型号，如2212，指的是电机内部的线圈组部件的直径为22 mm，长度为12 mm，而有些厂家则会把这一型号标注为2830电机，因为是电机外壳尺寸为28 mm，长度为30 mm，其实这两个是差不多的电机。

电机还有一个重要参数——KV值。KV值表示电机在“空载”情况下，电子调速器每提升1 V输出电压时，电机转速的提高量。例如，某电机KV值为1 400 $r \cdot min^{-1} \cdot V^{-1}$，那么在10 V电压下理论上空载转速为1 400×10=14 000（$r \cdot min^{-1}$），但实际值一般达不到，在真机装螺旋桨的情况下更是如此。与电机型号一样，KV值也是选择电机的重要标准之一。

不同航模需要不同型号的电机以及合适的KV值，并与合适的螺旋桨搭配，才能在确保电子设备在安全工作的前提下，获得最合适的动力输出。

1.5.2 电调

电调的全称是电子调速器，其结构图如图1-13所示。常用内置电池电路

（Battery Elimination Circuit，BEC）的电调可连接电机、电池和舵机，调节电机的供电，同时给接收机输电，也有专门给电机供电的，此时接收机、舵机等需外置UBEC供电。电调的主要标识是电流，如30 A，表示长期工作能承受的最大电流为30 A，短时间能承受的电流可超过此值。此外，还有所支持的电池，例如，标识为“2s ~ 4s”，则表明该电调支持2～4节锂电池串联的电池组。

1.5.3 舵机

如图1-14所示，舵机是一个根据遥控信号决定摇臂偏转角度的器件，通过摇臂上连接的钢丝改变飞行控制翼面的偏转角度，完成对飞行姿态的调整。

舵机的参数是质量，如9 g，17 g等，不同量级的扭力，适用于不同要求的航模。舵机的选择在于其扭矩及响应速度，根据不同航模要求搭配，以实现合适的操控效果。此外，舵机分为模拟舵机、数字舵机和金属舵机等，数字信号的舵机相比模拟的会更迅速和精准，金属舵机的齿轮组为金属，不容易损坏。金属舵机和数字舵机的价格相对较高。

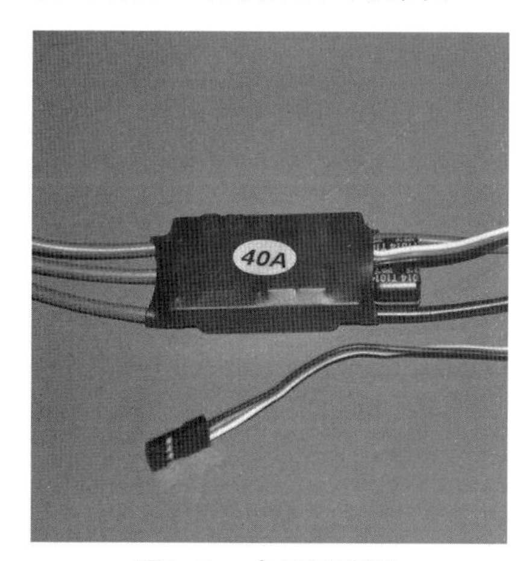

图1-13 电子调速器

图1-14 舵机结构

1.5.4 遥控器

遥控器是遥控航模必不可缺的，是非常重要的设备。目前遥控器频率多为2.4 GHz，不同遥控器的功能不同，如摇杆是否带轴承、是否带显示屏、是否具有双向传输等，其易用性也不同。

选择遥控器很重要的一个标准就是通道数。比如，某遥控器是几通道，一般根据遥控器型号就能确定。通道可以理解为功能数量，多一个通道可以获得更多的功能，从而可在飞机上添加更多的控制单元。

通道也称 Ch，简单地说就是指控制模型的一路相关功能，例如，前进和后退是一路，左右转向是一路，空模中的升降也是一路，此外，通道还可以是一组控制其他动作的（如炮塔的左右、上下俯仰，鸣笛、亮灯等）。但是各个通道应该可以同时独立工作，不互相干扰。固定翼飞机还要控制水平尾翼（升降）的通道和副翼（作横滚等特技动作）的通道，直升机还要增加陀螺仪用的通道。

第一通道——对应副翼，控制飞机侧倾，让飞机滚转和盘旋等。

第二通道——对应升降舵，控制飞机俯仰，让飞机划弧和俯冲等。

第三通道——对应油门通道，控制飞机速度，完成起飞、降落和吊机等。

第四通道——对应方向舵，控制飞机方向，让飞机转弯等。

第五通道——在油动航模中其作用是接收电，在直机中其闲置或者连接陀螺仪。

第六通道——在固定翼航模中作为收放起落架使用，在直机中可以在一般油门螺距混控中使用。

遥控器的常用操作手法有日本手、美国手和其他手。

（1）日本手：右手摇杆上下——动力，右手摇杆左右——副翼，左手摇杆上下——升降，左手摇杆左右——方向舵。

（2）美国手：左手摇杆上下——动力，左手摇杆左右——方向舵，右手摇杆上下——升降，右手摇杆左右——副翼。

（3）其他手：非以上两类都可以归类于此，暂不作介绍。

遥控器的品牌和型号可根据自己的需求和经济能力选择，同等功能的遥控器，好的品牌其易用性和稳定性等会更出色。几种常见的遥控器如图1-15所示。

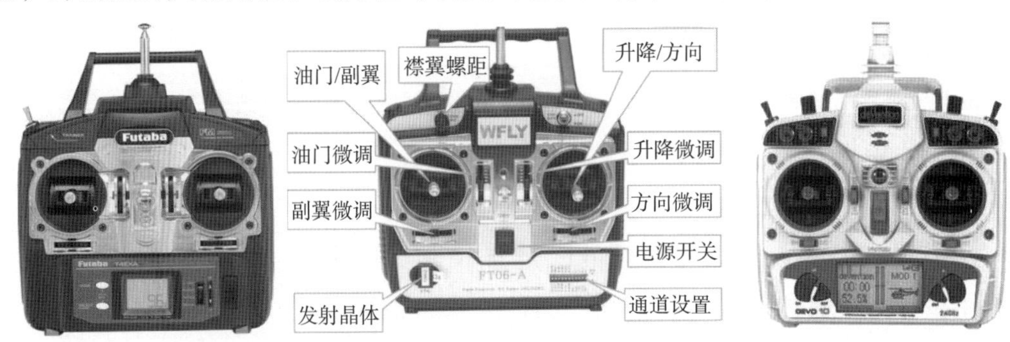

图 1-15　几种常见的遥控器

1.5.5　电池

航模动力电池的命名规则：以3s1p2200mA·h30c为例，3s代表电池组是由3

组电池串联成的；1p表示每组电池只有一片（在只有1p的情况下，往往省略不标）；2200 mA·h代表电池的容量，mA·h 即电流×时间，2200 mA·h表示以2 200 mA的电流持续放电1 h的电量；30c表示锂电池的放电倍率能力。

对于2200 mA·h的电池来说，1c就是2 200 mA，也就是说此电池最多能够以30倍率即2 200×30=66 000（mA）=66（A）的电流持续放电。但是请注意一点，使用越高的放电倍率，电池的使用时间就越短，如果始终使用30c倍率放电，那电池只能够坚持60 min/30倍，即2 min。常用的航模电池如图1-16所示。

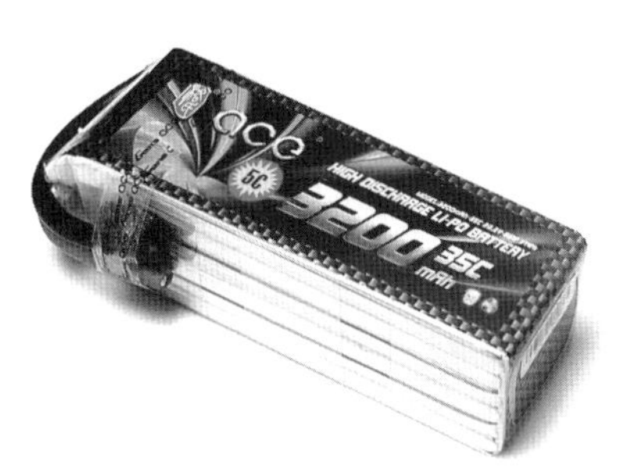

图1-16　常见的航模电池

值得注意的是，在动力电池使用过程中，很多不良的使用方式和习惯都会导致电池寿命缩短，甚至引发事故。如充电过程中，必须有人在场；电池尽量不要过放，否则容易引起电池发胀并缩短寿命；若充满电的电池未及时放电，应使用充电器或其他方式放电至每片3.8 V左右，长时间满电存放也易导致电池损坏。

1.5.6　螺旋桨

螺旋桨负责把引擎的功率转变为向前的拉（推）力，其重要性不言而喻。值得注意的一点是，应该把桨叶看成一片小型的机翼，引擎转动的速度加上飞机前进的速度，使桨叶对空气产生相对速度，桨叶的截面本来就是一个翼型，然后因伯努利定律产生升力，只是此时的升力是向前的，称之为拉（推）力，其使飞机向前飞行。

螺旋桨上一般有一组数字，例如8×6，8代表这支螺旋桨直径是8 in（1 in=2.54 cm），6代表螺距是6 in，螺距的意思是螺旋桨旋转一圈在理论上螺旋桨前进的距离。常见的航模螺旋桨如图1-17所示。

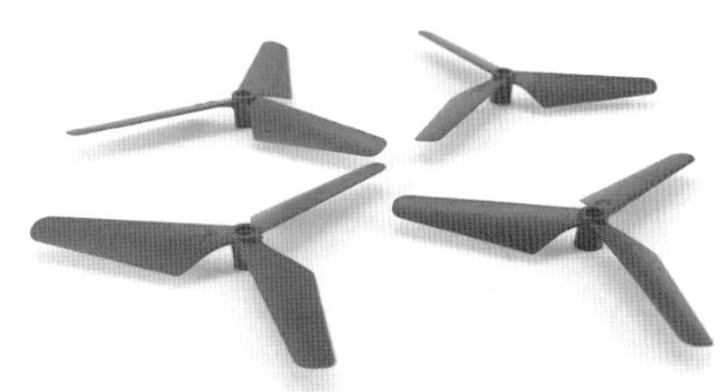

图1-17　常见的航模螺旋桨

不同电机、不同KV值和不同电压所适配的螺旋桨也不一样，因此需根据实际使用环境来选择螺旋桨。螺旋桨也有不同材质，如塑料的、木质的和碳纤维的等等。

关于螺旋桨，将在第4章更详细地介绍。

1.6 航模电子设备的选择和搭配

除了根据自己的需求选择遥控器品牌和型号之外，还须注意电子设备的选择和搭配。

（1）电机的选择。不同航模对动力要求不同，在实际使用电压下，根据电机的参数表格选择合适拉力的电机（对一般正规厂家电机，都能找到电压、螺旋桨、力、电流和力效等参数表格）。同型号电机存在几个KV值，可根据飞机速度要求、螺旋桨大小限制以及电流限制来选择合适KV值的电机。一般来说，高速航模选择高KV值的电机，低KV值电机则适合相对低速的航模。涵道机由于其高转速对动平衡的要求颇高，一般不单独选择电机，而是直接选择成套的电机和涵道风扇。

绕线匝数多的，KV值低，最高输出电流小，但扭力大。绕线匝数少的，KV值高，最高输出电流大，但扭力小。单根据KV值不可以评价电机的性能，因为不同KV值有不同的适用场合。比如：KV值小，达到同样的推力，要比高KV值省电，所以四轴飞行器多使用小KV值的电机；KV值大，同样质量的设备（电机、电调、电池），得到的推力最大。

（2）螺旋桨的选择。根据电机的参数表格还可以确定需要的螺旋桨型号等。一般情况下，螺旋桨参数主要指直径和螺距。桨的规格，如5030的意思是直径为5 in（1 in=2.54 cm），螺距为3 in。

通常高速航模要选小直径、大螺距的螺旋桨，而且需配高速旋转电机。这是因为航模高速飞行时，螺旋桨有效拉力与静拉力相比有明显下降，而大螺距比小螺距下降量少。

对普通低速航模而言，则应选择较大直径的螺旋桨，以提高效率，单位电机输入功率转化为较大的拉力。由于其飞行速度不高，螺旋桨有效拉力较大而采用小桨距，静态拉力较大，有利于模型起飞。

螺距：一片桨叶沿着螺旋线旋转一周，桨叶上升的距离就是螺距。螺旋桨在一种不能流动的介质中旋转，螺旋桨每转一圈，就会向前行进一段距离，连续旋转就形成一段螺旋。

希望航模飞得慢，则应该选小螺距，希望航模飞得快则应选择大螺距，但是还要看马达的KV值。相同的电机，不同的KV值，用的螺旋桨也不一样，每个电机都会有一个推荐的螺旋桨，推荐的螺旋桨多是最佳性能的，简单来说，相同的电机和电池，大KV值用小的螺旋桨，小KV值用大的螺旋桨。相对来说，螺旋桨配得过小，不能发挥最大推力，螺旋桨配得过大，电机会过热，会使电机退磁，造成电机性能永久下降。

（3）电调的选择。常见电调有6 A、8 A、10 A、12 A、20 A、30 A、40 A、60 A、80 A、100 A、120 A等。

（4）电池电压的选择。普通模型所用的无刷电机，其允许工作电压范围较大。

小功率电机（外径为22 mm以下）为7.4～11.1 V（2s ~ 3s）。

中等功率电机（外径为28～35 mm）为7.4～14.8 V（2s ~ 4s）。

大功率电机（外径为42 mm以上）为11.1～25.9 V（3s ~ 7s）。

功率越大的电机，允许工作电压范围越大。

当电机输出功率一定时，选定工作电压越低，工作电流将越大（在电机允许工作电流范围内）。此时，整个动力组的损耗都会加大（损耗与电流的二次方成正比），包括连接导线、插头及电调压降、电池内部压降产生的功耗等，所以应尽量选择较高的工作电压，以减小工作电流。

1.7　航模的组成及术语

航模一般与载人飞机一样，主要由机翼、尾翼、机身、起落架和发动机5部分组成，如图1-18所示。

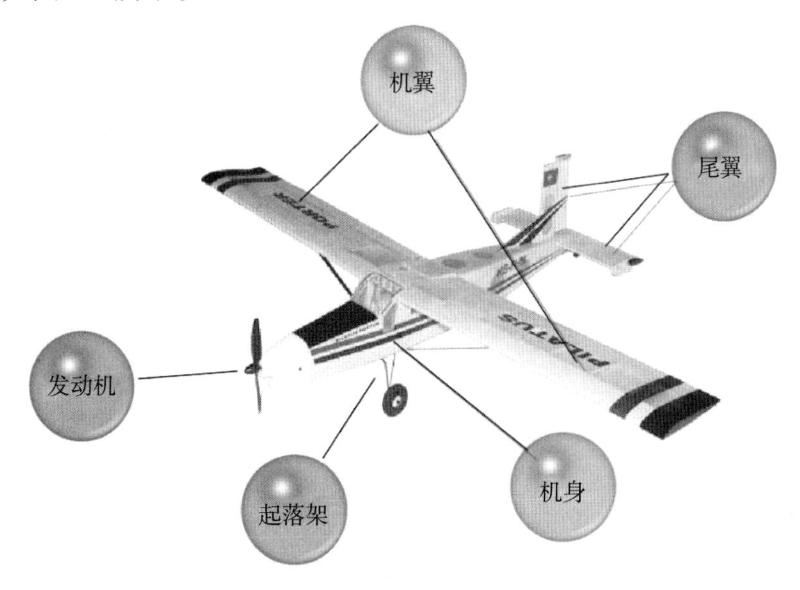

图1-18　航模的组成

（1）机翼——航模在飞行时产生升力的装置，并能保持航模飞行时的横向安定。

（2）尾翼——包括水平尾翼和垂直尾翼两部分。水平尾翼可保持航模飞行时的俯仰安定，垂直尾翼可保持航模飞行时的方向安定。水平尾翼上的升降舵能控制航模的升降，垂直尾翼上的方向舵可控制航模的飞行方向。

（3）机身——将航模的各部分连接成一个整体的主干部分。同时，机身内可以装载必要的控制设备和燃料等。

（4）起落架——供航模起飞、着陆和停放的装置。前面一个起落架，后面两个起落架的叫前三点式；前面两个起落架、后面一个起落架的叫后三点式。

（5）发动机——航模产生飞行动力的装置。航模常用的动力装置有橡筋束、电机、活塞式发动机和喷气式发动机等。

航模结构及部分术语如图1-19所示。

图1-19　航模结构及部分术语

航空模型技术常用术语如下：

（1）翼展——机翼（尾翼）左右翼尖间的直线距离（穿过机身的部分也计算在内）。

（2）机身全长——航模最前端到最末端的直线距离。

（3）重心——航模各部分重力的合力作用点。

（4）尾心臂——由重心到水平尾翼前缘1/4弦长处的距离。

（5）翼型——机翼或尾翼的横剖面形状。

（6）前缘——翼型的最前端。

（7）后缘——翼型的最后端。

（8）翼弦——前、后缘之间的连线。

（9）翼载——航模的满载质量和航模的机翼面积的比值，翼载的值直接影响航模的机动性能、爬升性能以及起飞着陆性能等。

（10）展弦比——翼展与平均翼弦长度的比值。展弦比越大说明机翼越狭长。

（11）推重比——发动机推力与重力之比。

本章小结

本章主要介绍了航模的定义、航模的发展史、航模竞赛的发展、航模的类别、航模中常用的设备及选用、航模的组成及相关术语。

一般称能在空中飞行的模型为航空模型，也叫航模。航模是各种模型航空器的总称，多为遥控器控制的模型飞机，包括有线操纵、自由飞等非遥控类，操作航模飞行也被称为航模运动。

航模的世界性比赛十分活跃，项目繁多。目前世界比赛已发展到7个大项，每个大项两年举行一次世界锦标赛。航模的竞赛有4类：自由飞行类、线操纵圆周飞行类、无线电遥控飞行类以及像真模型类。航模（固定翼）类别按照飞机外形及操作难度分为练习机、滑翔机、特技机和像真机等。

电动航模的常用设备有电机、电调、舵机、遥控器、电池、螺旋桨以及配套设备等。

模型飞机一般与载人的飞机一样，由机翼、尾翼、机身、起落架、发动机及相应的设备组成。

习题

（1）练习机与滑翔机的主要区别是什么？

（2）1 400 kV和2 450 kV电机的区别是什么？

（3）3片电芯的电池保存电压是多少？

（4）推重比为1.2、翼展为1 m的特技机应该怎样选择电子设备？

（5）分析前三点式起落架和后三点式起落架的优点和不足。

第2章　航模的飞行原理

要调试好航模或操作好航模，需要对飞行原理有一定的了解。

飞机和航空模型之所以能飞起来，是因为机翼的升力克服了重力。机翼的升力是机翼上、下空气的压力差形成的。当航空模型在空中飞行时，机翼上表面的空气流速加快，压强减小，机翼下表面的空气流速减慢，压强加大（伯努利定律），这是造成机翼上、下压力差的因素。

机翼上、下流速变化的原因有两个：①不对称的翼型；②机翼和相对气流有迎角。翼型是机翼剖面的形状。机翼剖面多为不对称形，如下弧平直上弧向上弯曲（平凸型）和上下弧都向上弯曲（凹凸型）。对称翼型则必须有一定的迎角才能产生升力。

升力的大小主要取决于4个因素：①升力与机翼面积成正比；②升力和飞机速度的二次方成正比，同样条件下，飞行速度越快升力越大；③升力与翼型有关，通常不对称翼型机翼的升力较大；④升力与迎角有关，小迎角时升力（系数）随迎角直线增长，到一定界限后迎角增大升力反而急速减小，这个分界叫临界迎角。

机翼和水平尾翼除产生升力外也产生阻力，其他部件一般只产生阻力。

2.1　牛顿三大运动定律

（1）牛顿第一定律：除非受到外来的作用力，否则物体的速度（v）会保持不变。没有受力即所有外力合力为零。当飞机在空中保持等速直线飞行时，这时飞机所受的合力为零；当飞机降落保持相同下沉率下降，这时升力与重力的合力仍是零，升力并未减少，否则飞机会越掉越快。

（2）牛顿第二定律：某质量为m的物体的动量（$P=mv$）变化率正比于外加力 F 并且发生在力的方向上。此即著名的 $F=ma$公式，在物体受一个外力后，即在外力的方向产生一个加速度，飞机起飞滑行时引擎推力大于阻力，于是产生向前的加速度，速度越来越快，阻力也越来越大，引擎推力最终会等于阻力，于是加速度为零，速度不再增大。

（3）牛顿第三定律：作用力与反作用力是数值相等且方向相反的。比如人体运动时，起跑时的后蹬是人体向地面的后下方施加作用力，地面即给人体施加前上方的反作用力，推动人体前进；跳跃运动的踏跳，投掷时最后用力时的蹬腿与左侧支撑，均为支撑反作用力。

2.2　力的平衡

作用于飞机的力要刚好平衡，如果不平衡就是合力不为零，根据牛顿第二定律，此时会产生加速度。为了分析方便，人们把力分为*X*、*Y*、*Z*三个轴力的平衡及绕*X*、*Y*、*Z*三个轴弯矩的平衡。

轴力不平衡则会在合力的方向产生加速度。飞行中的飞机受的力可分为升力、重力、阻力和推力，如图2-1所示。升力由机翼提供，推力由引擎提供，重力由地心引力产生，阻力由空气产生。我们可以把力分解为两个方向的力，称*X*方向及*Y*方向（当然还有一个*Z*方向，但对飞机不是很重要，除非是在转向中）。飞机等速直线飞行时，*X*方向阻力与推力大小相同、方向相反，故*X*方向合力为零，飞机速度不变，*Y*方向升力与重力大小相同、方向相反，故*Y*方向合力亦为零，飞机不升降，所以会保持等速直线飞行。

弯矩不平衡则会产生旋转加速度，对飞机来说，*X*轴弯矩不平衡飞机会滚转，*Y*轴弯矩不平衡飞机会偏航，*Z*轴弯矩不平衡飞机会俯仰。*X*、*Y*、*Z*轴弯矩平衡示意图如图2-2所示。

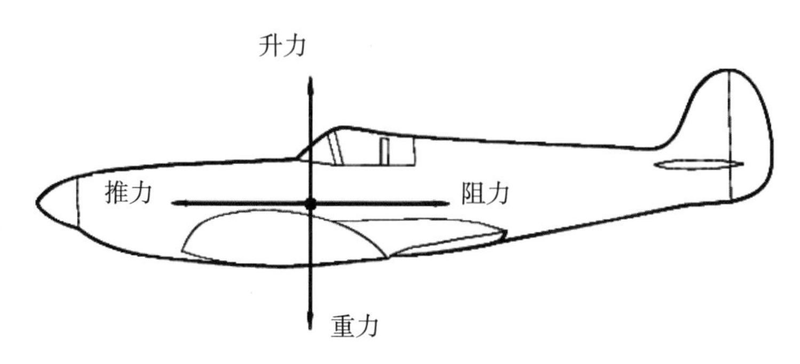

图2-1　飞机的受力示意图

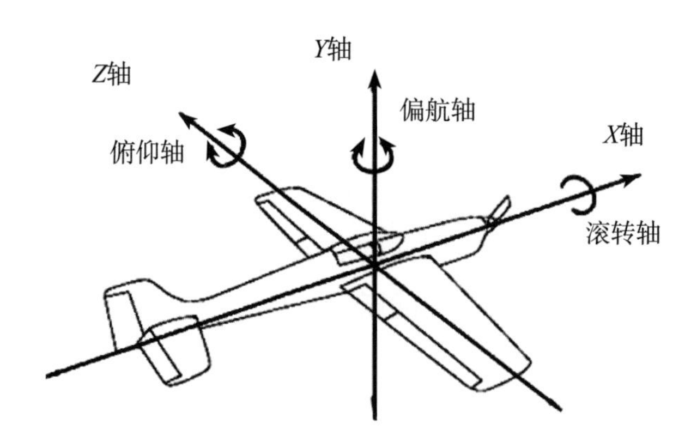

图2-2　X、Y、Z 轴弯矩平衡示意图

2.3　伯努利定律

伯努利定律是空气动力学最重要的公式，简单来说，流体的速度越大，静压力越小，速度越小，静压力越大。流体一般指空气或水，本书中指空气。设法使机翼上部空气流速较快，静压力则较小，机翼下部空气流速较慢，静压力则较大[见图2-3（a）]，于是机翼就被往上推，然后飞机就飞起来了。以前的理论认为两个相邻的空气质点同时由机翼的前端往后走，一个流经机翼的上缘，另一个流经机翼的下缘，两个质点应在机翼的后端相会合[见图2-3（b）]。但经过仔细的计算后发现，如依上述理论，上缘的流速不够大，机翼应该无法产生那么大的升力，风洞实验已证实，两个相邻空气的质点中流经机翼上缘的质点会比流经机翼下缘的质点先到达后缘[见图2-3（c）]。

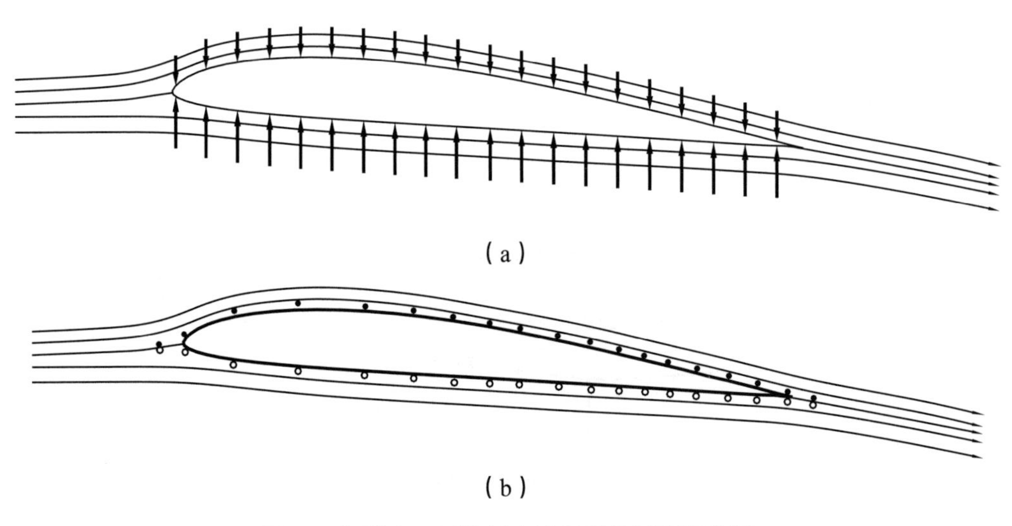

图2-3　机翼上、下缘质点流经后缘过程示意图

（a）两边互相较力流速图；（b）两质点会合后结构图

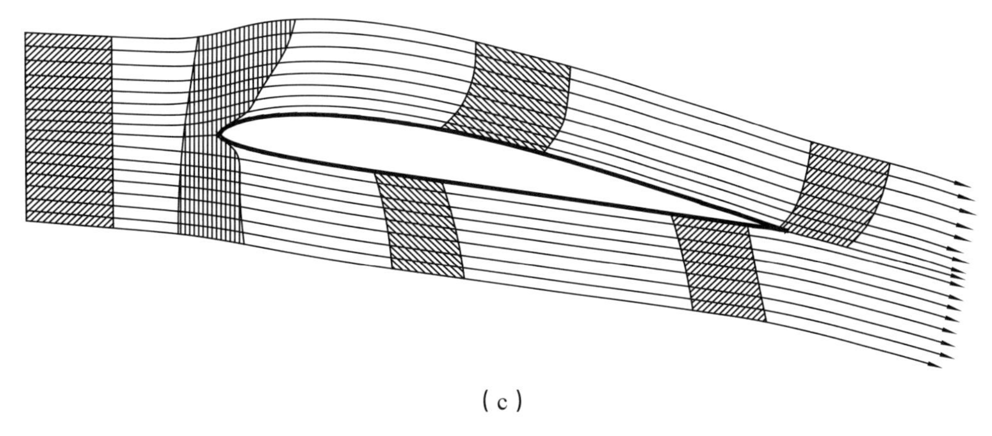

续图2-3　机翼上、下缘质点流经后缘过程示意图

（c）质点会合后对比图

有人认为飞机产生升力是因为机翼有攻角，当气流通过时机翼的上缘产生“真空”，于是机翼被真空吸上去，飞机产生升力示意图如图2-4所示。其实这种说法是错误的，否则为什么真空只把飞机往上吸，而不会把机翼往后吸？还有另一个常听到的错误理论叫作“子弹理论”，该理论认为空气的质点如同子弹一般打在机翼下缘，将动量传给机翼，此动量分成一个往上的分量，于是产生升力，分成的另一个分量往后于是产生阻力，子弹理论动力结构图如图2-5所示。可是克拉克翼及内凹翼在攻角零度时也有升力，而根据子弹理论，该两种翼型没有攻角时只有上面“挨子弹”，应该产生向下的力才对。

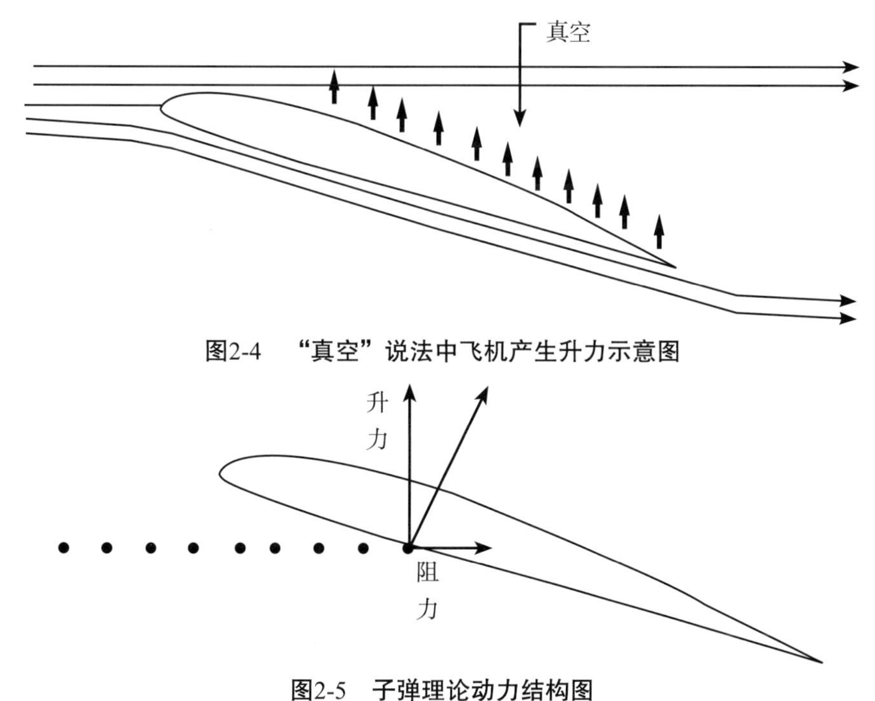

图2-4　“真空”说法中飞机产生升力示意图

图2-5　子弹理论动力结构图

2.4 飞行中的阻力

减少阻力是飞机设计的一大难题，飞行中飞机引擎的推力全部用来克服阻力，如果可以减少阻力则飞机可以飞得更快，此外也可以减小引擎体积以减少质量及耗油量。拿现代私人小飞机与第一次世界大战战斗机相比，它们的引擎均为一百多马力，相对于第一次世界大战战斗机整架飞机一堆“乱七八糟”的支柱与张线，现代私人小飞机机身流线光洁，飞机速度几乎是前者的两倍，所以减少阻力是设计飞机时务必要注意的。下面先来了解阻力如何产生。

（1）摩擦阻力：空气分子与飞机摩擦产生的阻力，这是最容易理解的阻力，但其只是总阻力中的一小部分。

（2）形状阻力：物体前、后压力引起的阻力。形状阻力工作过程示意图如图2-6所示，飞机做成流线型，形状阻力就小，尖锥状的物体形状阻力不见得最小，反而是有一点钝头的物体阻力小。

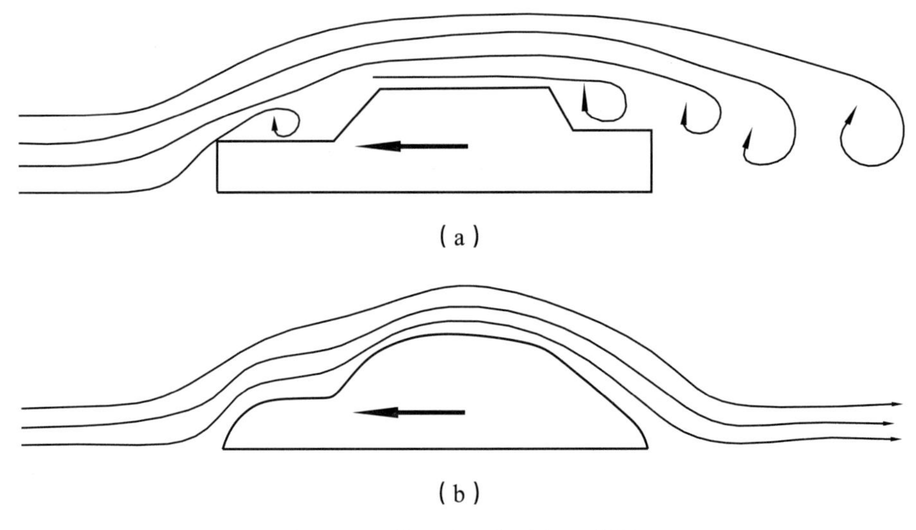

图2-6　形状阻力工作过程示意图

（3）诱导阻力：当机翼产生升力时，机翼下表面的压力比上表面的大，而机翼翼展长度又是有限的，所以下翼面的高压气流会绕过两端翼尖，向上翼面的低压区流去。当气流绕过翼尖时，在翼尖部分形成旋涡，这种旋涡不断产生并不断地向后流去，即形成了所谓翼尖涡流。飞行中，有时通过飞机翼尖的凝结云也可看到翼尖涡流。在翼尖涡流的范围内压力很低，如果空气中所含水蒸气膨胀冷却而凝结成水珠，便会看到由翼尖向后的两道白雾状的涡流，如图2-7所示。

在日常生活中，也可观察到翼尖涡流的现象。例如大雁南飞，常排成人字形或斜一字形，领队的大雁排在中间，而幼弱的小雁常排在外侧。这样使得后雁处于前雁翅梢处所产生的翼尖涡流之中。翼尖涡流中气流的放置是有规律的，靠翼尖内侧面，气流向下，靠翼尖外侧，气流是向上的，即为上升气流。这样后雁就处在前雁翼尖涡流的上升气流之中了，有利于长途飞行。

实践表明，诱导阻力的大小与机翼的升力和展弦比有很大关系。升力越大，诱导阻力越大。展弦比越大，诱导阻力越小。翼尖涡流结构示意图如图2-7所示。

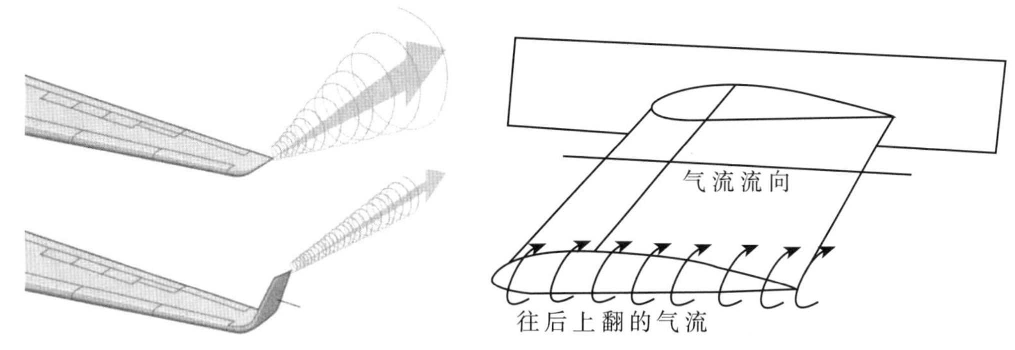

图2-7　翼尖涡流结构示意图

（4）寄生阻力：所有控制面的缝隙（如主翼后缘与副翼间）、主翼及尾翼与机身接合处、机身开孔处、机轮及轮架、拉杆等，除本身的原有的阻力以外，另外衍生出来的阻力。寄生阻力和副翼寄生阻力示意图如图2-8和图2-9所示。

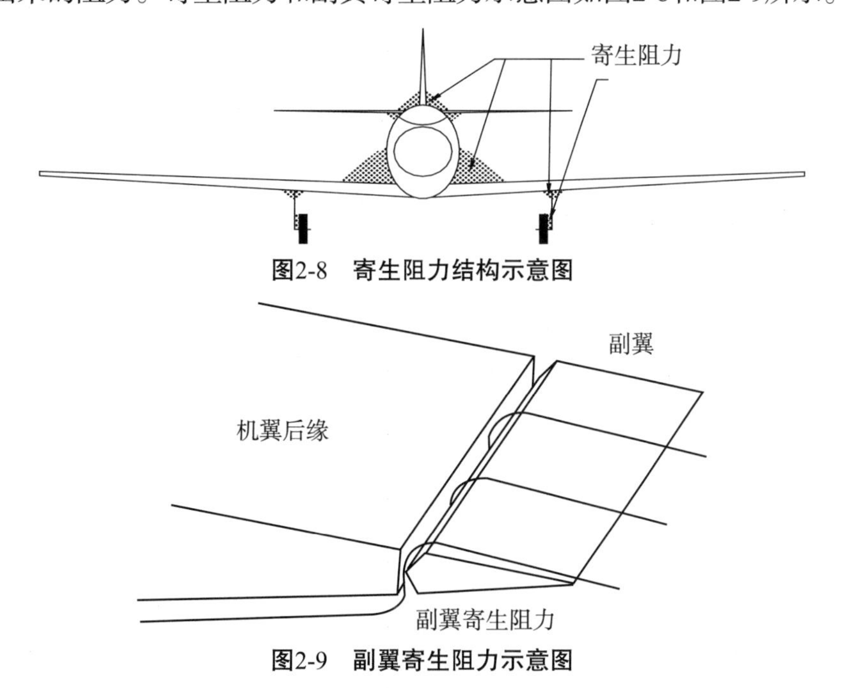

图2-8　寄生阻力结构示意图

图2-9　副翼寄生阻力示意图

一架飞机的总阻力就是以上4种阻力的总和。但飞机的阻力是互相影响的，以上的分类只是为了便于讨论。另外诱导阻力不只出现在翼尖，在其他舵面也会产生，只是翼尖比较严重。摩擦阻力、形状阻力、寄生阻力与速度的二次方成正比，速度越快阻力越大，诱导阻力则与速度的二次方成反比。光洁构型机翼所受阻力曲线如图2-10所示。因此要减少阻力的话，对于无动力飞机，其重点在于减少诱导阻力，对于高速飞机，其重点在于减少形状阻力与寄生阻力。

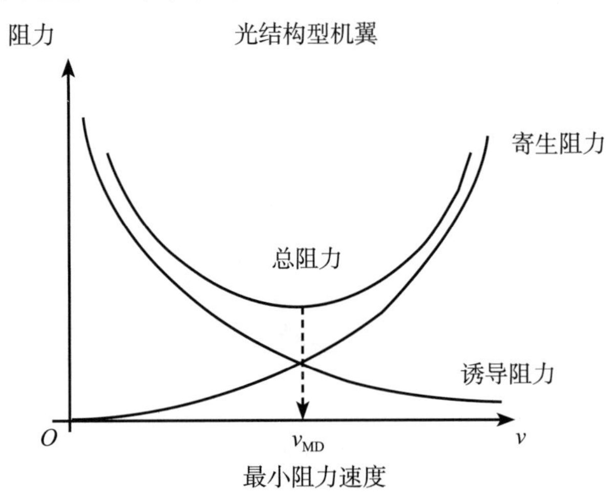

图2-10　光结构型机翼所受阻力曲线

2.5　诱导阻力详解

当机翼产生升力时，机翼下表面的压力比上表面的大，而机翼翼展长度又是有限的，所以下翼面的高压气流会绕过两端翼尖，向上翼面的低压区流去。当气流绕过翼尖时，在翼尖部分形成旋涡，旋涡不断产生而又不断地向后流去，即形成了翼尖涡流。

翼尖涡流使流过机翼的空气产生下洗速度，而向下倾斜形成下洗流。气流方向向下倾斜的角度，叫下洗角。

由翼尖涡流产生的下洗速度，在两翼尖处最大，向中心逐渐减小，在中心处最小。这是因为空气有黏性，翼尖旋涡会带动它周围的空气一起旋转，越靠内圈，转速越快，越靠外圈，转速越慢，因此离翼尖越近，气流下洗速度越小。

图2-11所示为某一个翼剖面上的下洗速度。它与原来相对速度v组成了合速度u。u与v的夹角就是下洗角a_1。下洗角使得原来的冲角a减小了。根据举力Y原来的含义，它应与相对速度v垂直，可是气流流过机翼以后，下洗速度w使v的方

向改变，向下转折一个下洗角a_1，而成为u。因此，升力y也应当偏转一角度a_1，而与u垂直成为y_1。此处下洗角很小，因而y与y_1一般可看成相等。这时飞机仍沿原来v的方向前进。既然y_1不垂直于原来的速度v，必然在其上有一投影Q。它的方向与飞机飞行方向相反，所起的作用是阻拦飞机的前进，实际上是一种阻力。这种阻力是由升力的诱导而产生的，因此叫作“诱导阻力”。它是气流下洗使原来的升力偏转而引起的附加阻力，并不包含在翼型阻力之内。

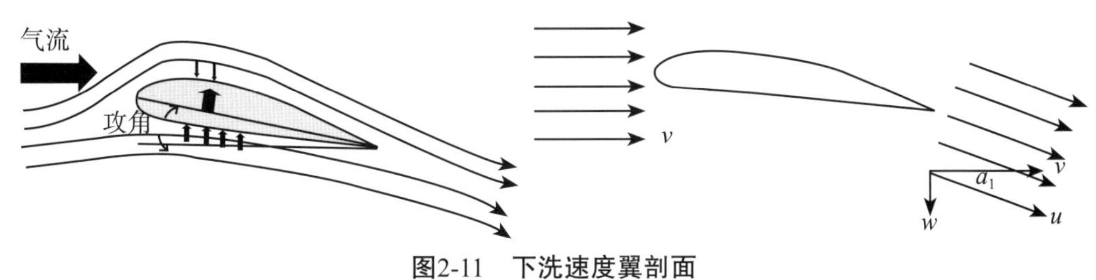

图2-11　下洗速度翼剖面

2.6　雷诺数与失速

机翼的升力随攻角的增大而增加，攻角就是翼弦线与气流的夹角（见图2-12）。攻角为零时，对称翼不产生升力，但克拉克Y翼及内凹翼仍有升力，后两种翼型要在负攻角下才不产生升力。不产生升力的攻角叫零升攻角（见图2-13），所以对称翼的零升攻角就是零。攻角增加有一个上限，超过这个上限就要失速，那机翼什么时候会失速呢？图2-14（a）所示是飞机正常飞行时流经机翼的气流，图2-14（b）所示是飞机失速时流经翼面的气流，这时上翼面产生强烈乱流，直接的结果是阻力增大，而且气流冲击上翼面，使升力减小。如果想事先知道机翼什么时候会失速，就需要知道雷诺数，雷诺数（Re）原始公式为

$$Re=\frac{\rho vb}{\mu} \tag{2-1}$$

式中：ρ是空气密度；v是气流速度；b是翼弦长；μ是黏性系数。

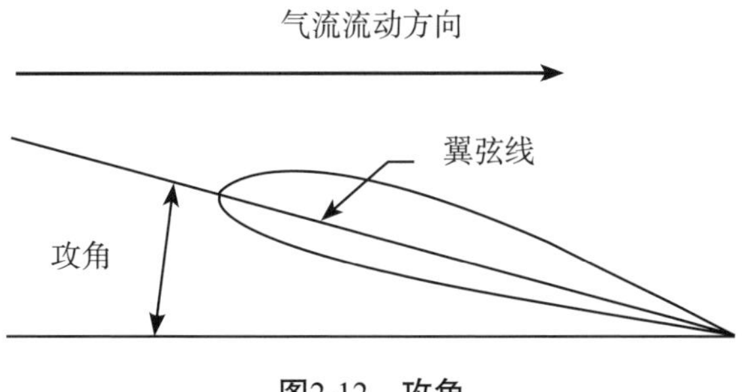

图2-12　攻角

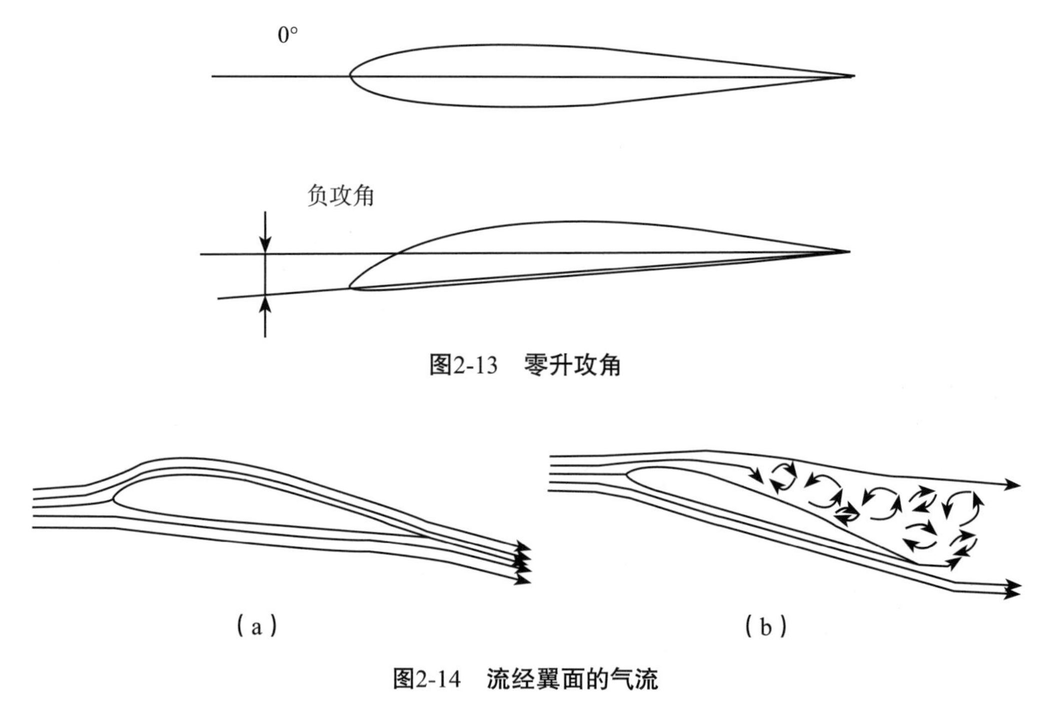

图2-13　零升攻角

图2-14　流经翼面的气流

（a）正常流经翼面的气流；（b）失速时流经翼面的气流

对模型飞机而言空气密度与黏性系数是定值。因为不会飞很高，空气密度几乎不变，故式（2-1）可简化为

$$Re=68\ 500vb \tag{2-2}$$

式中：v的单位是 m/s；b的单位是m。

例如：一架练习机时速为90 km（25 m/s），翼弦为24 cm，雷诺数=68 500×25× 0.24=411 000。如果不是矩形翼，翼根与翼尖弦长不一样，雷诺数必然不同。

雷诺数越大，流经翼表面的边界层越早从层流边界层过渡为紊流边界层，而紊流边界层不容易从翼表面分离，所以比较不容易失速。雷诺数小的机翼边界层尚未从层流边界层过渡为紊流边界层时就先分离了。一般翼型的数据都会注明该数据是在雷诺数为何值时所得的，如没有说明则是展弦比无限大。翼型资料上大都会写明雷诺数为多少时在多大攻角下失速，雷诺数越大，越不容易失速。如图2-15所示，一架飞机的失速角不是定值，速度越慢（雷诺数小）越容易失速，翼面负载越大时，因飞行时攻角越大也越容易失速。三角翼飞机翼弦都很大，所以雷诺数大，比较不容易失速。

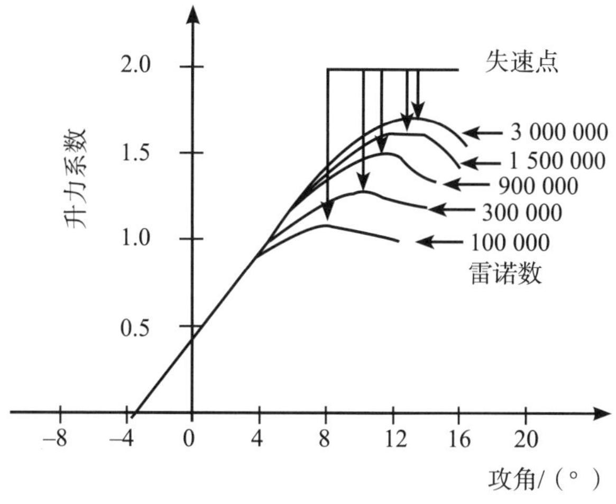

图2-15　雷诺数与失速点

实机在设计时都会设法在失速前使机翼抖动及操纵杆震动，或者在机翼上安装气流分离警告器，以警告驾驶员飞机即将失速。模型飞机失速前一般都没有征兆，初学降落时大部分的人都有这样的经验，因进场时做了太多的修正，耗掉了太多速度，速度无法控制，飞机直接会摔下来。

2.7　展弦比

从雷诺数的角度看，机翼越宽、速度越快越好，但不要忘了阻力，短而宽的机翼诱导阻力会吞并飞机大部分马力。也许人们会提出，诱导阻力不是与速度二次方成反比吗？只要航模飞得够快，诱导阻力就不是问题了。但很可惜，速度快的话形状阻力也会与速度二次方成正比增大。此外，所有飞机迟早都要降落，降落时考虑跑道长度、安全性等，实机的话还有轮胎的磨耗，因此需要设计一个合理的降落速度（不可能要求一架模型飞机以100 km/h降落，否则跑道要很长），而且要降落准确。火箭、飞弹飞得很快而且不用考虑降落，所以展弦比都很小，飞机则要有适合的展弦比。展弦比A就是翼展L除以平均翼弦b（$A=L/b$），L与b的单位都是cm。如果不是矩形翼，把右边上下乘以L，得$A=L^2/S$，S是主翼面积，单位是cm^2。一般适合的展弦比为5～7，超过8时要特别注意机翼的结构，注意其不要被风吹断。有些滑翔机实机的展弦比达30以上，还曾经出现过套筒式的机翼，翼展可视需要伸长或缩短。

如前所述，摩擦阻力、形状阻力与速度的二次方成正比，速度越快阻力越大，诱导阻力则与速度的二次方成反比，所以高速飞机不太考虑诱导阻力。展弦比低，而滑翔机速度慢，采用高展弦比可以降低诱导阻力，最典型的例子就是

U2（见图2-16）和F104（见图2-17）。U2为高空侦察机，滞空时间较长，出一次任务需10～12 h，展弦比为10.5。F104为高速拦截机，速度达2倍声速以上，展弦比为4.5。在自然界也是如此，信天翁长时间翱翔，翅膀展弦比高，隼为掠食性动物，为求高速、灵活，所以展弦比低。

图2-16　U2

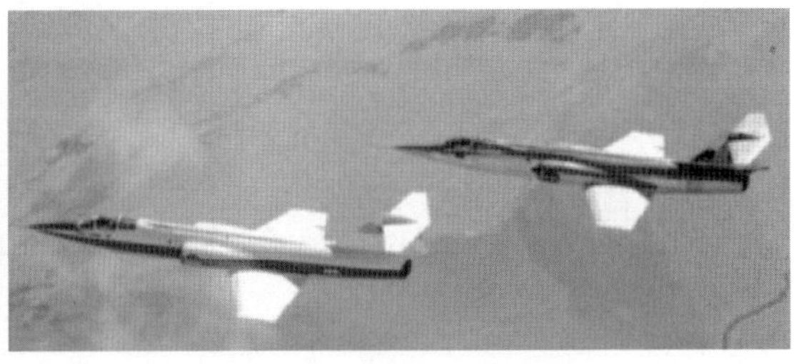

图2-17　F104

滑翔机没有动力，采取高展弦比以降低阻力是唯一的方法，展弦比高的机翼一般翼弦都比较窄，雷诺数小，所以要仔细选择翼型，避免过早失速，另外高展弦比代表滚转的转动惯量大，所以无法做出滚转的特技。

飞惯特技机的人看到遥控滑翔机时常常会好奇，为什么主翼面积那么大，偏偏机身短而且尾翼面积又相对很小，会担心升降操作的问题。其实这是展弦比的另外一个特性，即高展弦比下攻角增大时，升力系数增加得会比低展弦比的机翼快（见图2-18），低展弦比机翼升力系数在攻角更大时才到达最大值，所以高展弦比的滑翔机并不需要大尾翼就可以操纵升降。

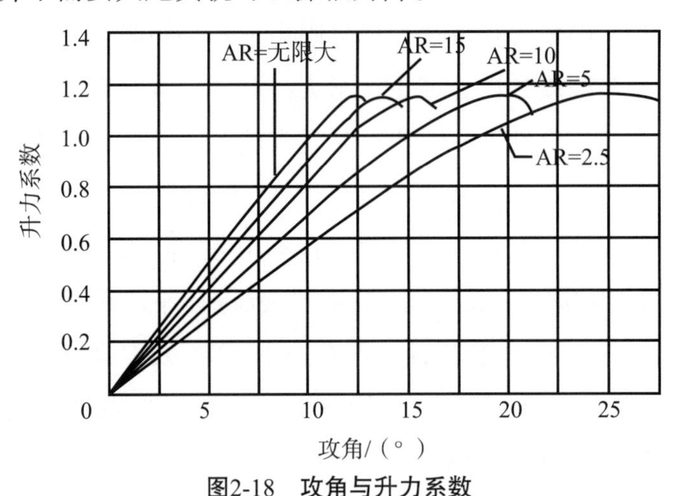

图2-18　攻角与升力系数

2.8　翼面负载

翼面负载就是主翼每单位面积所分担的质量，这是评估一架飞机性能很重要的指标，模型飞机采用的单位是g/dm^2，实机的单位则是N/m^2。翼面负载越大，则相同翼面积要负担更大的质量。

练习机的翼面负载一般为50～70 g/dm²，特技机为60～90 g/dm²，热气流滑翔机为30～50 g/dm²，像真机的翼面负载在110 g/dm²以内，牵引滑翔机为12～15 g/dm²。曾经有航模爱好者操作一架自己设计的“大嘴鸟”，翼面负载为130 g/dm²，却也飞得很平稳。翼面负载太大的话，起飞后转向时就不要减速太多（弯要转大一点），否则很容易失速。

2.9 翼端处理

一个机翼不可能无限长，一定会有端点，人们现在知道翼尖是很多问题的根源。翼前缘有点后掠的飞机，因几何形状的关系，翼前缘的气流不但往后走，而且往外流（见图2-19），使翼尖气流更复杂，于是人们采取多种方法来减小诱导阻力，常见的有以下几种。

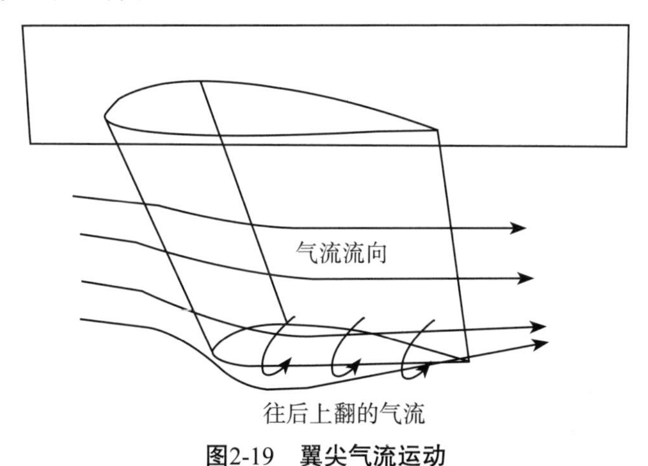

图2-19　翼尖气流运动

（1）整形1：把翼尖整形成圆弧状，这是模型飞机最常见的方式，如图2-20所示。

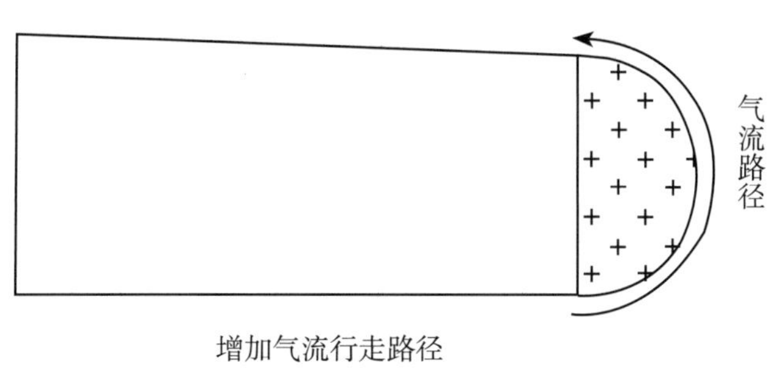

图2-20　翼尖变圆

（2）整形2：把下翼面往上整形，使涡流尽量离开翼尖，特技机及像真机常用此方法，如图2-21所示。

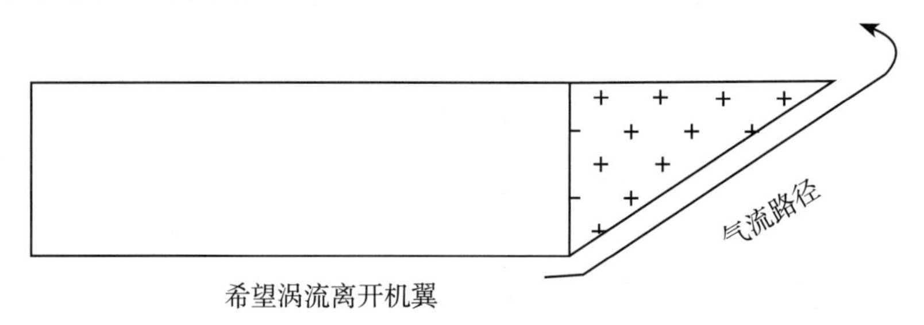

图2-21　下翼面整形

（3）整形3：给翼尖装上机箱或者电子装备，顺便隔离气流，避免外翻，如图2-22所示。

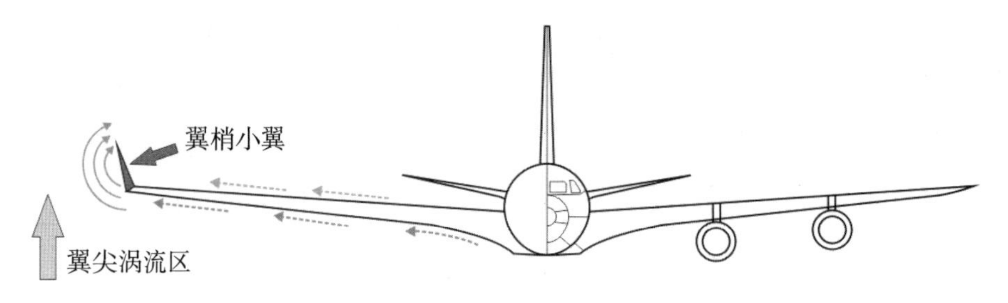

图2-22　翼尖安装示意图

（4）小翼：在目前最普遍的做法中，大部分小翼是往上伸的，但也有些是往下伸的，实机的小翼很明显，飞行时看得非常清楚。小翼的作用除了隔离翼端上下的空气、减小诱导阻力外，因安装的角度关系，还可以提供一些向前的分力以节省马力。小翼结构图如图2-23所示。

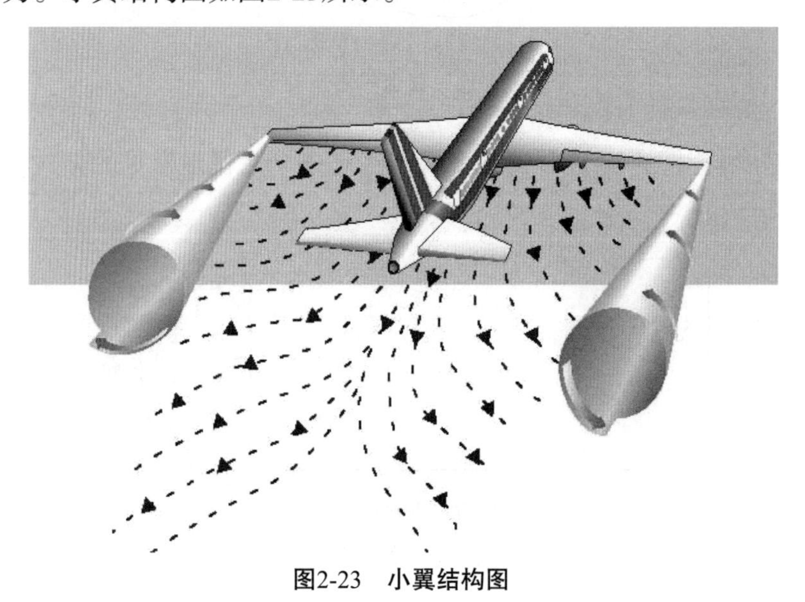

图2-23　小翼结构图

2.10　翼型的选择及常用翼型设计软件

在飞机的各种飞行状态下，机翼是飞机承受升力的主要部件，而立尾和平尾是飞机保持安定性和操纵性的气动部件。

一般飞机都有对称面，如果在平行于对称面在机翼展向任意位置切一刀，则切下来的机翼剖切面称作翼剖面或者翼型。翼型是机翼尾翼的重要组成部分，其直接影响到飞机的气动性能和飞行性能。翼型的各部位名称如图2-24所示。

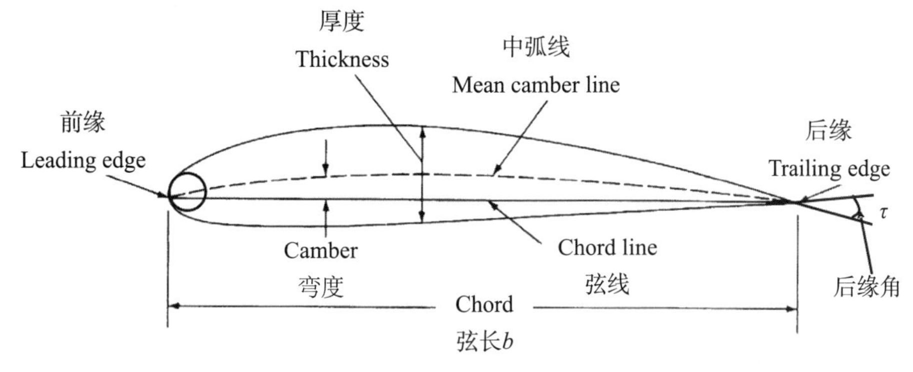

图2-24　翼型的各部位名称

翼型按速度分类有低速翼型、亚声速翼型以及超声速翼型，如图2-25所示。

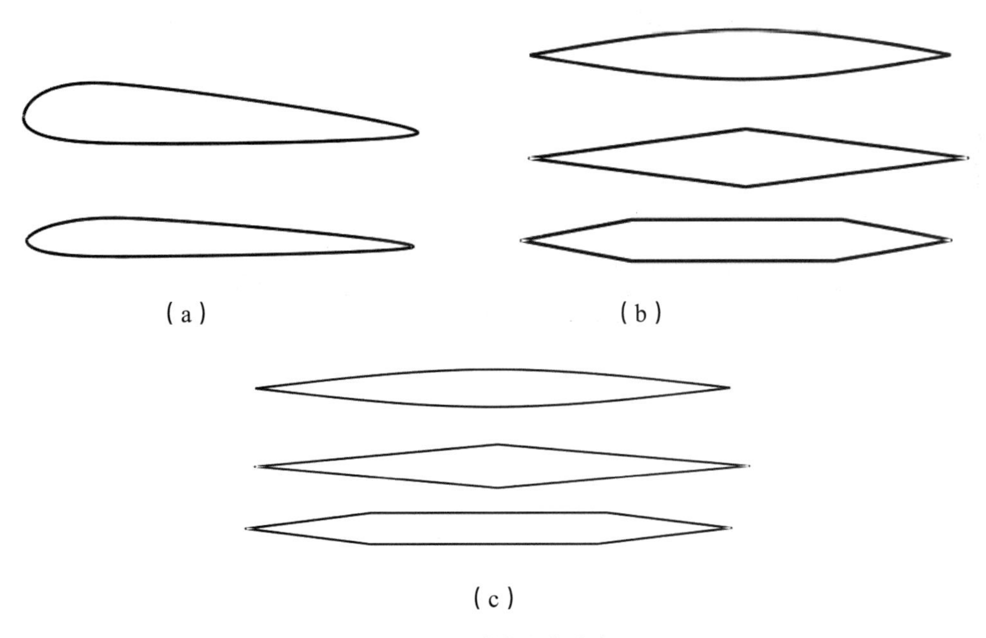

图2-25　翼型按速度分类图

(a) 低速翼型；(b) 亚声速翼型；(c) 超声速翼型

翼型按形状分类有圆头尖尾型、尖头尖尾型、圆头钝尾型，如图2-26所示。

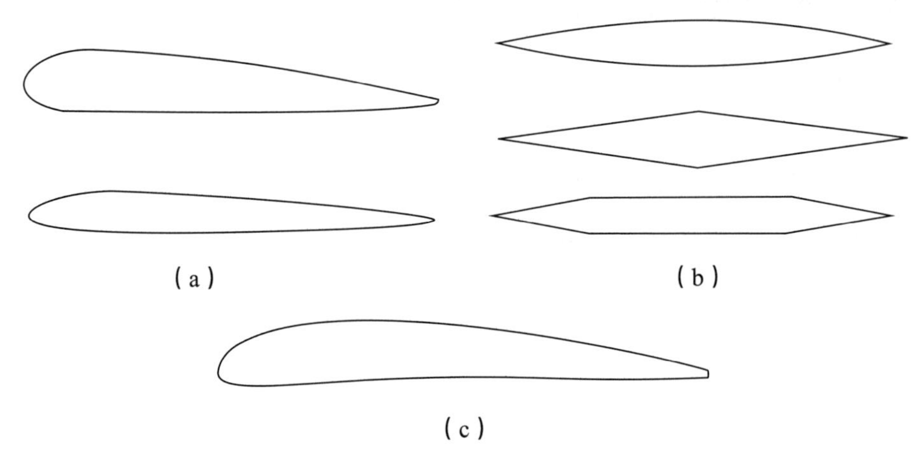

图2-26　翼型按形状分类图

（a）圆头尖尾型；（b）尖头尖尾型；（c）圆头钝尾型

通常，飞机设计要求机翼和尾翼尽可能升力大、阻力小。对于不同的飞行速度，机翼的翼型是不同的。如：对于低亚声速飞机，为了提高升力系数，翼型为圆头尖尾型；对于高亚声速飞机，为了提高阻力，发散马赫数，采用超临界翼型，其特点是前缘丰满、上翼面平坦、后缘向下凹；对于超声速飞机，为了减少激波阻力，采用尖头尖尾形翼型。

2.10.1　翼型的主要参数

翼型的主要参数如图2-27所示。

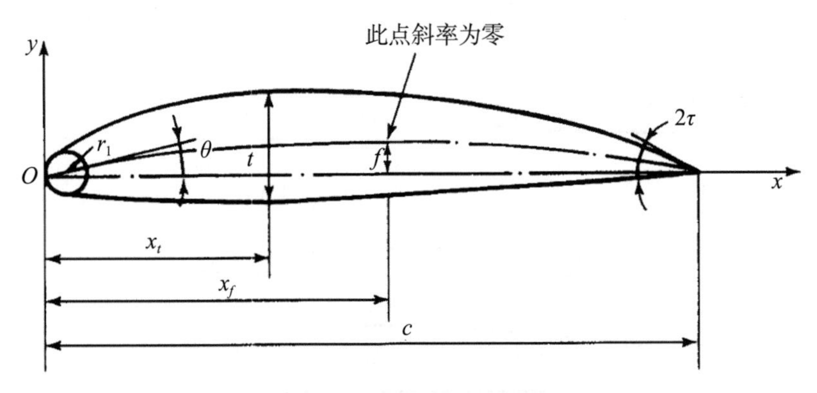

图2-27　翼型的主要参数

以下参数均为常规定义，部分系列翼型的定义可能与之不同。

（1）弦长c：前缘到后缘的距离。

（2）最大厚度t：垂直于弦线，上、下曲线间最大距离。一般将最大厚度除以弦长，称为最大相对厚度，比如常说某翼型厚度为12%，就是说其最大相对厚度为12%。

（3）最大厚度位置x_t：最大厚度处的位置，常除以弦长，以百分比表示，如某翼型最大厚度位置为30%。

（4）中弧线：翼型一系列内切圆的圆心连线，如图2-28所示。

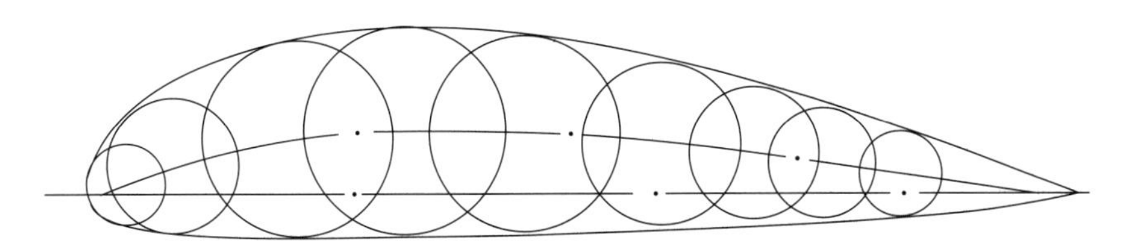

图2-28　中弧线

（5）最大弯度f：中弧线与弦线的最大距离，常除以弦长，称为最大相对弯度，如某翼型最大弯度为3%。

（6）最大弯度位置x_f：最大弯度的位置，常除以弦长，称为最大弯度位置，如某翼型最大弯度位置为50%。

（7）前缘半径：前缘的曲率半径。

（8）后缘角：翼型上、下曲线在后缘的夹角。

2.10.2　翼型分析软件介绍

（1）profili软件。profili是一款实用的翼型计算分析软件，不仅内置两千余种翼型，还可以导入和识别外部翼型，并进行多翼型、多雷诺数的分析和比较，足以满足小型飞机级别的应用。

打开profili，如图2-29所示，选择一个翼型，就可以清楚地看到其主要几何参数。

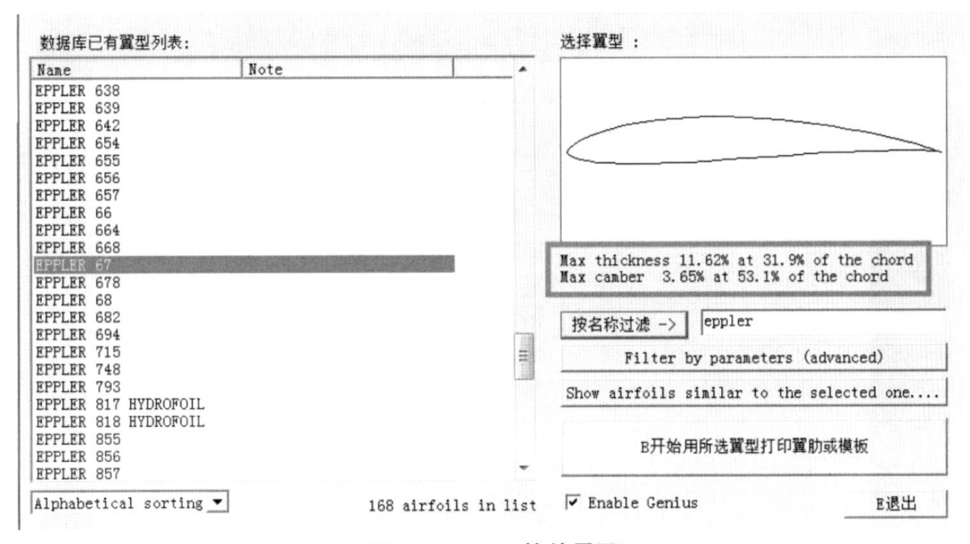

图2-29　profili软件界面

EPPLER 67翼型的最大相对厚度为11.62%，最大厚度位置为31.9%，最大弯度为3.65%，最大弯度位置为53.1%。如果需要更详细的几何数据，可以点击左上角的“输出”菜单以获得翼型曲线坐标点数据。

profili具有以下三大常用功能。

1）计算雷诺数。雷诺数是惯性力与黏性力的相对大小度量，雷诺数越小，则空气黏性力影响越大。航模的雷诺数普遍在$10^5\sim10^6$之间，这个区域雷诺数的变化对气动力（尤其是阻力）影响很明显，适当增大雷诺数可以减小阻力系数。式（2-1）为雷诺数计算公式。

在一般的应用中，可使用近似公式“$6.8\times10^4\times$飞行速度$\times$弦长”计算该翼型处的雷诺数，也可以使用profili提供的雷诺数计算界面（见图2-30），输入当地海拔、飞行速度及弦长就可以直接计算雷诺数。

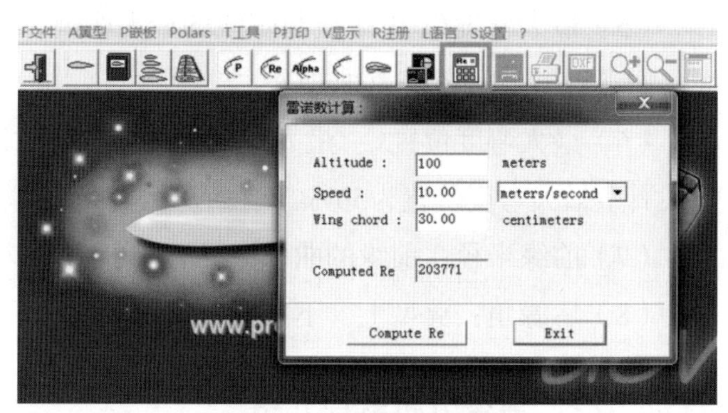

图2-30 雷诺数计算界面

2）多雷诺数分析。此功能可对单个翼型进行多雷诺数分析，以便查看雷诺数对气动性能的影响，可为飞行速度和机翼弦长等参数的选择提供参考。对EPPLER 67翼型，在3×10^5和5×10^5雷诺数下进行分析，结果如图2-31所示。

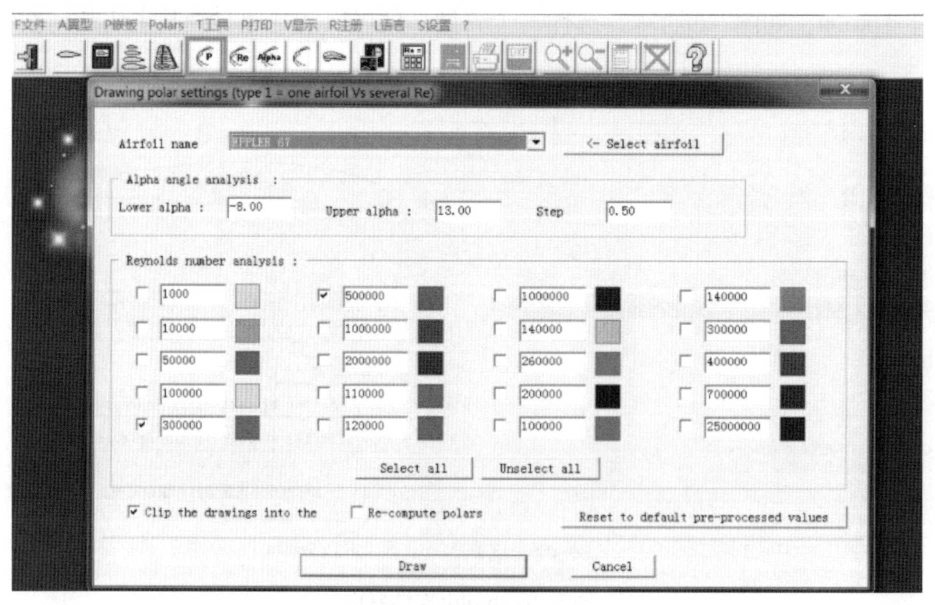

图2-31 多雷诺数分析

极曲线图如图2-32所示，线条越靠左说明阻力系数越小，线条开口大则说明适用的迎角范围大，曲线的最左侧基本说明了此翼型的设计点，即适合于在哪一个升力系数下使用。从图2-32中可见，EPPLER 67翼型的适用升力系数为0.6～0.7，这属于该翼型的设计点，且受雷诺数影响小。而阻力系数受雷诺数影响较大，低雷诺数的水平线比高雷诺数的水平线向右平移了一段距离，也就是达到同样的升力系数时，低雷诺数下翼型阻力系数较大。

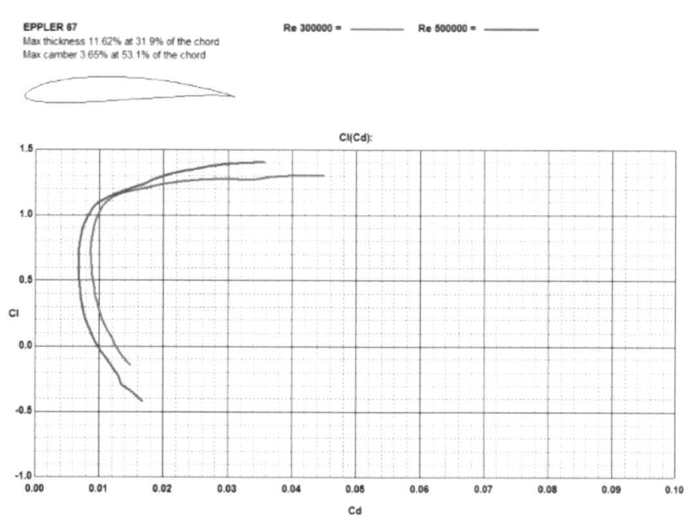

图2-32　极曲线图

相对来说，雷诺数对常用范围内的升力系数影响较小，对阻力系数影响较大。有些翼型的最大升力系数随雷诺数变化较大，如果在所使用的雷诺数范围内，翼型最大升力系数变化值超过0.1，则一般认为这种翼型不适合用在机翼翼尖，否则可能会发生翼尖失速，如图2-33所示。

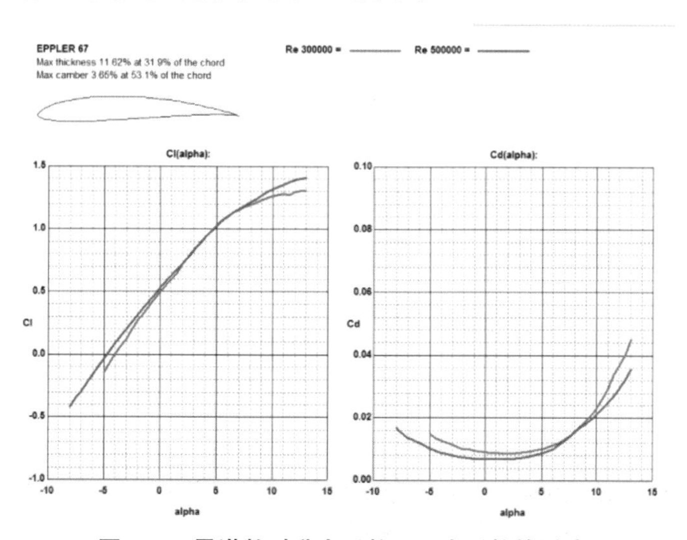

图2-33　雷诺数对升力系数、阻力系数的影响

翼型的力矩与其升力分布有较强的联系，因为雷诺数对升力系数影响较小，所以对力矩系数影响也不会很大，如图2-34所示。

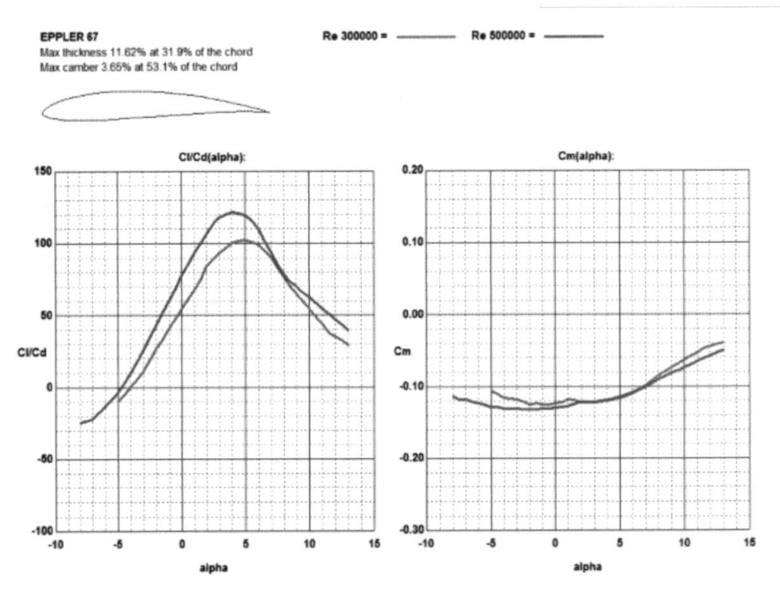

图2-34　雷诺数对力矩系数的影响

3）多翼型分析。确定了主要使用的雷诺数范围后，可以使用此功能对不同翼型进行对比，最终在翼型库中选择一个合适的翼型。此菜单最多支持将5个翼型在同一雷诺数下进行比较，选择EPPLER 67和ONERA OA209两个翼型在3.1×10^5雷诺数下进行分析，如图2-35所示。

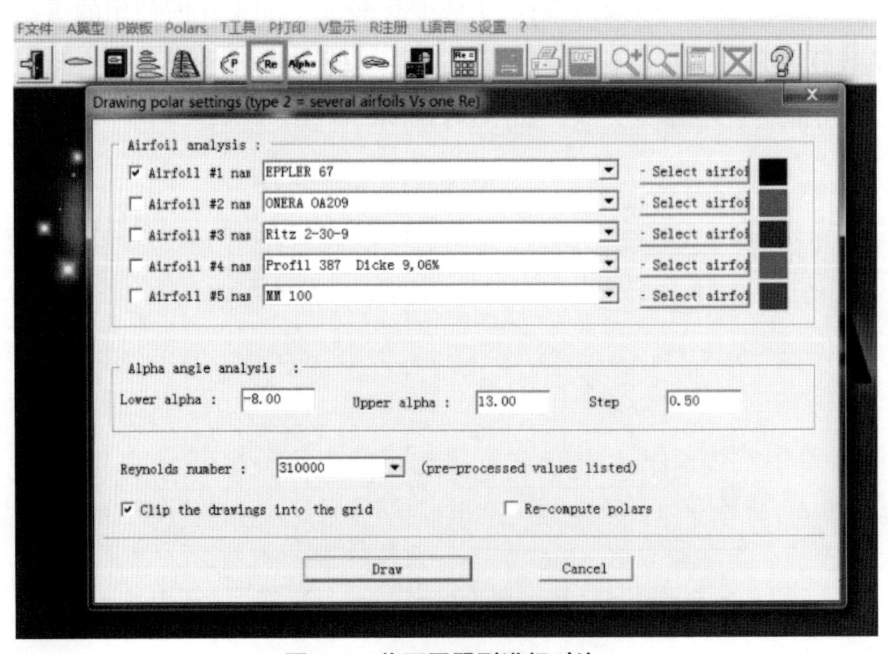

图2-35　将不同翼型进行对比

由图2-36可以明显看出，EPPLER 67的适用升力系数为0.6～0.8，属于高升力翼型，适合追求升阻比和气动效率的重载荷飞机。而ONERA OA209适用的升力系数为0.2左右，属于低升力翼型，适合追求高速的低载荷飞机。在升力系数为0.35以上时，使用EPPLER 67阻力系数更小，在升力系数为0.35以下时，使用ONERA OA209阻力系数更小。这张图非常清楚地表明，每个翼型都有其适用范围，在其适用范围内可以获得最优的性能。

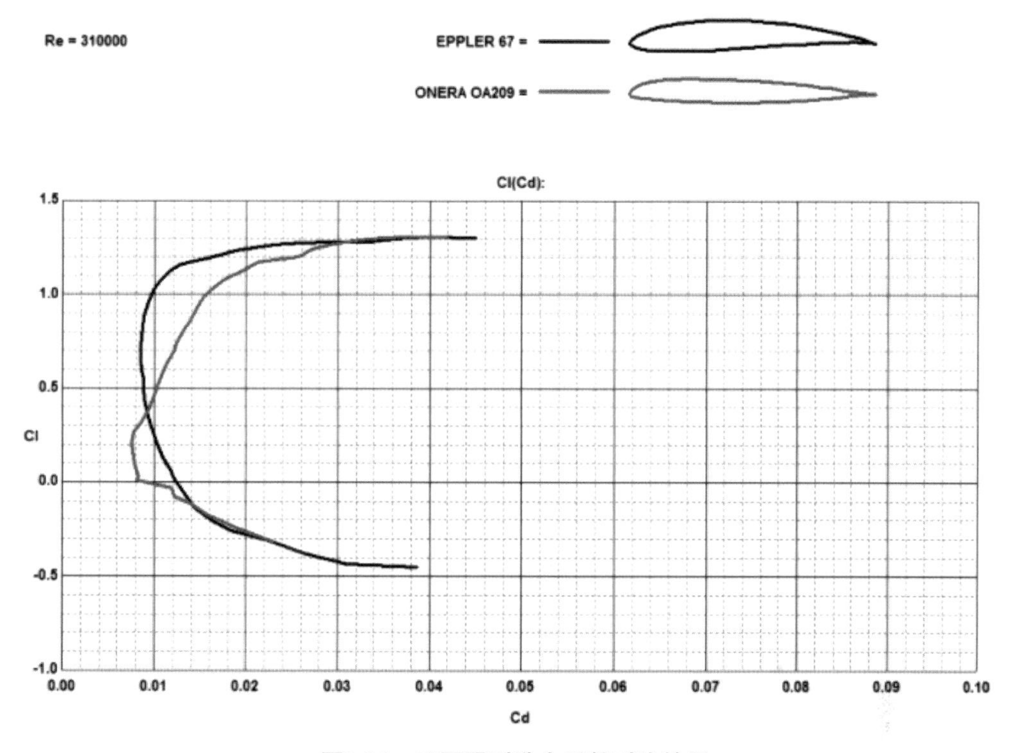

图2-36　不同翼型升力系数对比结果

由图2-37的升力系数曲线来看，EPPLER 67要比ONERA OA209整体高出很多，同样都是0° 迎角时，EPPLER 67升力系数为0.5，ONERA OA209升力系数为0.05。但需要注意一点，两翼型的升力系数曲线斜率基本是相同的，实际上几乎所有的翼型升力系数曲线斜率基本都是一样的，也就是增加相同的迎角，所有的翼型增加的升力系数基本相同。

由图2-37的阻力系数曲线来看，ONERA OA209在其适用迎角范围（－1° ～1° ）内有明显的阻力改善，这是该翼型专门设计的低阻区域，一旦超过这个区域，阻力系数将会明显增大，所以迎角变化范围较大的机型不适合采用具有这类阻力特性的翼型。

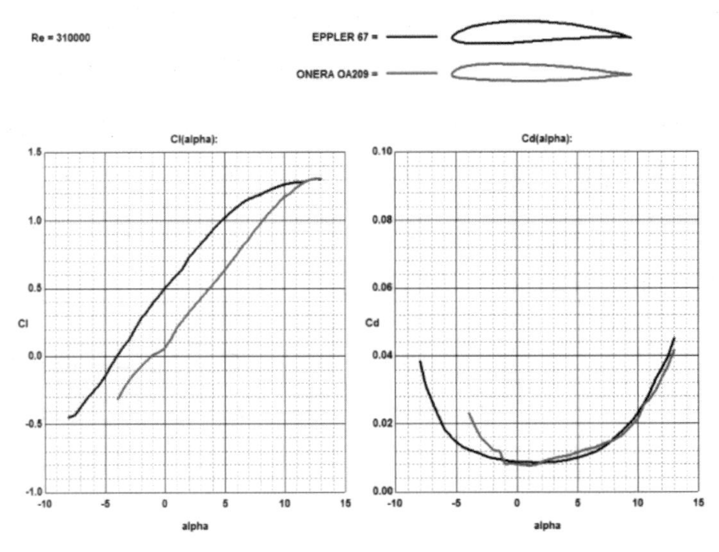

图2-37　不同翼型升力系数、阻力系数曲线对比结果

图2-38显示了两翼型的升阻比对比，不过翼型升阻比曲线的参考价值不大，因为实际飞机的升阻比是要考虑机身和起落架等部件的，这些部件都会带来不小的阻力，所以单单翼型的升阻比高并不代表全机性能好。

从力矩系数曲线来看，ONERA OA209有一个非常大的优势——力矩系数极小，基本为0，这意味着使用这个翼型的飞机不用付出太大的配平阻力，或者可以直接使用ONERA OA209打造飞翼布局的飞机。相比之下，EPPLER 67的力矩系数则要大很多，所有的高升力翼型都会带来不小的低头力矩系数。为了平衡力矩，可能会加长机身、增大平尾、改变平尾安装角，这都是高升力翼型的弊端。

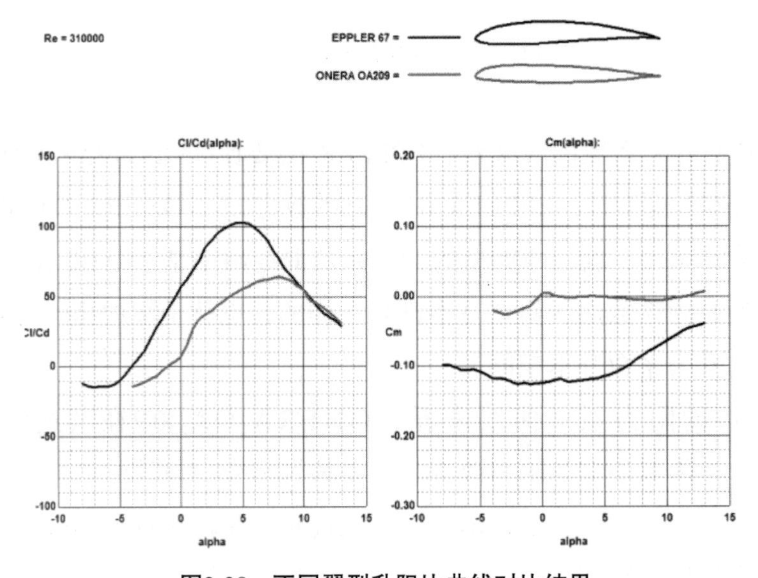

图2-38　不同翼型升阻比曲线对比结果

（2）XFLP5软件。profili提供了两千余种翼型，在众多翼型网站也能获得很多其他翼型，但这些有时还是不能完全满足人们的需要，与其在翼型库“大海捞针”，不如根据需要设计或构造一款合适的翼型。XFLR5软件就为人们提供了强大的翼型自定义功能。其操作界面如图2-39所示。

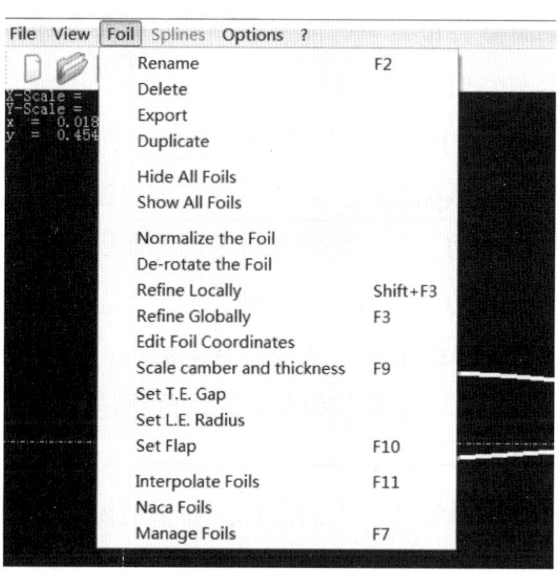

图2-39　XFLR5操作界面

从profili导出翼型的dat格式数据，并使用XFLR5打开，选择“File”“Direct Foil Design”，打开“Foil ”菜单，就可以发现丰富的翼型构造功能。以下对此软件作简单的介绍，读者有兴趣的话，也可以查阅相关文献，深入研究。

1）编辑翼型坐标：通过此功能，可以直接修改翼型控制点的坐标以修改翼型外形。通过翼型气动分析可以看出改变局部形状对翼型气动性能的影响。

2）编辑弯度和厚度：通过此功能，可以修改翼型的最大弯度、最大弯度位置、最大厚度和最大厚度位置。直接找到一个与设计目标契合很好的翼型是很困难的，所以可以利用这个功能，在设计成熟的翼型基础上稍加修改，使其适用升力系数、厚度等，以符合使用者的要求。

3）翼型融合：该菜单提供了强大的翼型融合（或称为翼型插值）功能，可以选择两个不同的翼型进行融合，这两个截然不同的翼型进行插值融合，设定融合比例后，软件会自动计算出新翼型的弯度和厚度等数据，融合得出的新翼型的外形和性能将介于两者之间。恰当地利用翼型融合可以方便地构造出更全面、更符合要求的翼型。

4）设置后缘厚度：在实际制造中，翼型后缘不可能是厚度为0的尖角，常常是1 mm左右或其他厚度的方形后缘。使用这个功能可以构造出更接近于实际形状的翼型并分析其气动性能。通过此菜单可以设定后缘厚度及翼型后部参与外形过渡的区域。

5）设置前缘半径：增大前缘半径可提高最大升力系数，提高升力线斜率，有时因为制作工艺的限制，也需要对前缘半径进行修改。使用这个功能可设置前缘半径及翼型前部参与外形过渡的区域。

6）设置襟翼：使用这个功能可以构造具有前缘、后缘襟翼的翼型，可以自由设置前后缘襟翼的偏度、襟翼弦长、铰链位置。通过这个功能还可以分析翼型的襟翼偏转后对飞机产生的升力、阻力和力矩的影响。除此以外，此功能也可用于分析舵面偏转对飞机气动力和力矩的影响。

经过上述分析，可以总结出翼型选择的基本流程：首先在翼型库中选择基础翼型，然后经过修改/构造/融合翼型和翼型气动分析这两个步骤的反复迭代，最终生成与设计目标契合度最好的翼型。

对一般读者而言，可以参考别人的设计，如果航模条件相似，就可以采用。美国的套件一般会把翼型标在设计图上，除此之外还有一些规则可循：

1）薄的翼型阻力小，但不适合高攻角飞行，适合高速机。

2）厚的翼型阻力大，但不易失速。

3）练习机用克拉克翼或半对称翼，其浮力大。

4）特技机用全对称翼，正飞或倒飞差异不大。

5）斜坡滑翔机用薄一点的翼型以增大滑空比。

6）3D特技机用前缘特别大的翼型以便高攻角飞行。

参考别人设计时要注意雷诺数相似，雷诺数差异大时则一点意义都没有，尤其是把其他大飞机的翼型用在自己的小飞机上是绝对不行的。

以下是一些常用翼型：

1）特技机：NACA 0010、NACA 0012。

2）练习机：NACA 2410、NACA 2412、CLARK Y8。

3）斜坡滑翔机：RG14、RG 15、EPPLER 385F。

4）小滑翔机及牵引滑翔机：EPPLER 385、EPPLER 374、Selig 3021。

本章小结

本章内容是航模飞行的基本原理介绍，主要包括飞行过程中牛顿三大运动定律、力的平衡和伯努利定律，飞行过程中的阻力，飞机雷诺数与失速、航模飞机的翼面负载、翼端的处理、翼型的选择及翼型设计软件介绍。

飞机涉及的最基本的原理即牛顿运动定律和伯努利定律。飞机正常飞行时受力是平衡的。在飞行过程中，飞机飞行的阻力有摩擦阻力、形状阻力、诱导阻力和寄生阻力。

雷诺数越大，流经翼表面的边界层越早从层流边界层过渡为紊流边界层，而紊流边界层不容易从翼表面分离，比较不容易失速，一架飞机的失速角不是定值，速度越慢（雷诺数小）越容易失速，翼面负载越大时，因飞行时攻角较大也越容易失速。

高速飞机比较少考虑诱导阻力，一般展弦比低，滑翔机速度慢，采用高展弦比。

翼面负载就是主翼每单位面积所分担的重力，这是评估一架飞机性能很重要的指标。通常情况下展弦比大的飞机巡航速度低且效率高。飞机的翼载不宜过大，过大的翼载对结构强度要求较高。为了减小诱导阻力，机翼两端往往加装翼尖小翼。

翼型是机翼尾翼成型的重要组成部分，其直接影响飞机的气动性能和飞行性能。翼型按速度分类有低速翼型、亚声速翼型以及超声速翼型。翼型按形状分类有圆头尖尾型、尖头尖尾型和圆头钝尾型。

翼型的分析软件profili是一款实用的翼型计算分析软件，内置两千余种翼型，还可以导入和识别外部翼型，并可以进行多翼型、多雷诺数的分析和比较，以满足小型飞机级别的应用。XFLR5软件是一款有丰富的翼型构造功能的设计软件，可以对翼型进行编辑和融合等。

习题

（1）生活中何处用到了伯努利定律？试举例说明。

（2）雷诺数较大时，飞机的展弦比应该变大还是变小？分析原因。

（3）分析后掠式翼尖小翼和上翘式翼尖小翼的区别。

（4）同样推力下，为什么越重的飞机飞得越慢？

（5）分析大展弦比机翼和小展弦比机翼的区别。

第3章　机　　翼

3.1　翼平面

翼平面即主翼平面投影的形状。在假定飞机质量、翼面负载后，即可算出主翼面积，展弦比亦大致确定，这时就要确定主翼平面形状，考虑的因素主要有失速特性、应力分布、制作难易度和美观性，模型飞机的速度离声速还差一大截，不须考虑空气压缩性，也没有前、后座视野的问题，所以不需考虑后掠翼，当然，为了美观，常见的平面形状及特性如下。

（1）矩形翼：从左至右翼弦都一样宽，是练习机常用的形状。其制作简单，失速特性是从中间开始失速，失速后容易补救。矩形翼结构示意图如图3-1所示。

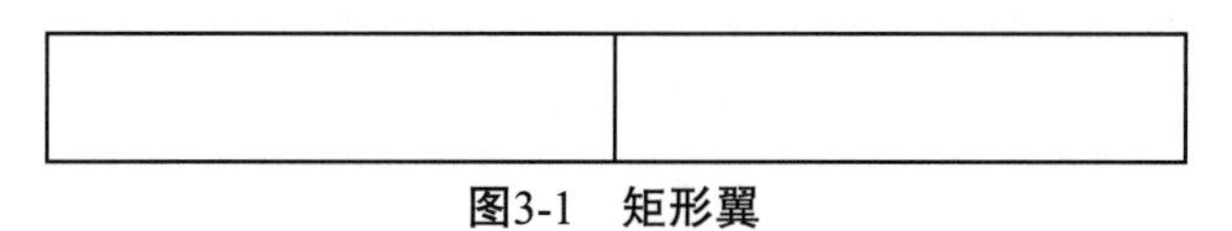

图3-1　矩形翼

（2）和缓的锥形翼：从翼根往翼尖渐缩，制作难易度中等，具有合理的翼面应力分布，缓和的翼尖失速，是特技机最常见的翼形式。其结构示意图如图3-2所示。

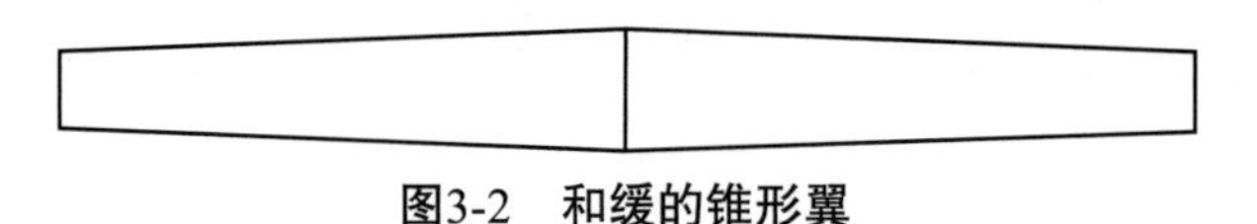

图3-2　和缓的锥形翼

（3）尖锐的锥形翼：同样从翼往翼尖渐缩，但翼尖极窄，具有恶劣的翼尖失速。其结构示意图如图3-3所示。

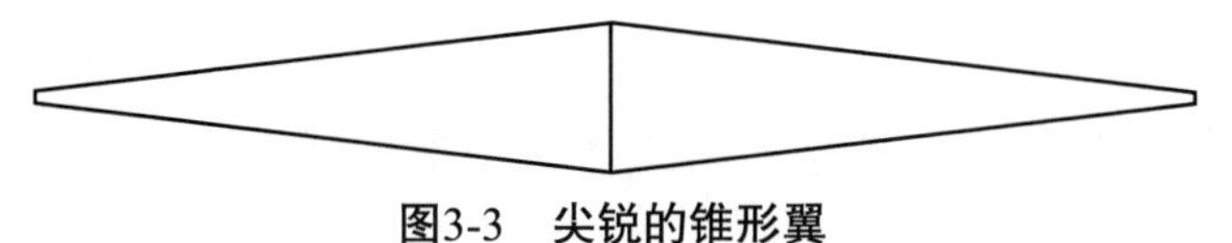

图3-3　尖锐的锥形翼

（4）椭圆翼：制作难度高，是最有效率的翼面应力分布，翼尖至翼根同时失速，这也是最优美的翼面形式。其结构示意图如图3-4所示。

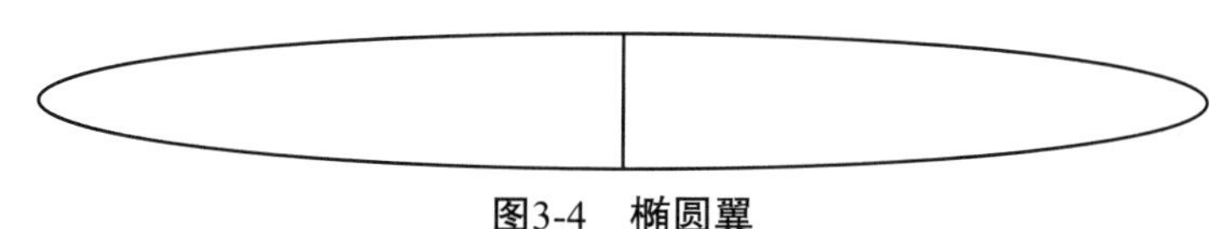

图3-4　椭圆翼

机翼何处先失速跟局部升力系数与平均升力系数的比值有关，比值大的地方先失速。另因升力分布于所有翼面，机翼的剪应力及弯矩应力会从翼尖往翼根处累积，所以飞机结构失效，如在空中折翼，都发生在靠机身处。矩形翼结构应力分布就很不合理，靠翼尖处结构过强，增加了无谓的质量；锥形翼、椭圆翼就比较合理。此外也可看出矩形翼的诱导阻力比较大，即使翼尖的面积大，效率也不高。

尖锐的锥形翼翼尖极窄，雷诺数小，且因为翼弦短，在同样精度下制作时攻角误差大，翼尖很容易失速。翼尖失速后会从先失速的一端往下掉，而且不一定能救得回来，所以制作Ju87像真机那类飞机时要特别注意。

主翼平面形状不需要一成不变地为锥形或椭圆形，可以依需求、制作难易度及美观采取各种组合。

3.2　压力中心

在考虑飞机的纵向平衡时，人们需要知道所有升力的合力点以便定出飞机重心位置，该合力点一般称压力中心。机翼横剖面的升力并不是平均分布的，从翼剖面气流速度变化曲线可以看出，翼上缘前端空气流速最快。气流速度变化曲线如图3-5所示。

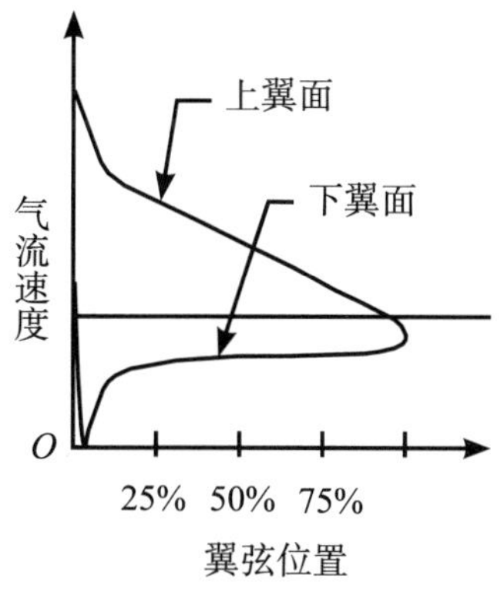

图3-5　气流速度变化曲线

翼弦位置处静压力最小，升力最大，所以总升力中心有点偏前，机翼产生升力同时亦产生一弯矩，当攻角改变时机翼压力中心亦改变，一般来说，攻角增大时压力中心向前移，攻角减小时压力中心向后移，这使压力中心的计算更加复杂。在设计时并不直接求出压力中心位置，而是采用焦点及焦点弯矩的方式。研究发现，不管机翼攻角如何改变，当速度固定时，升力对于机翼前缘1/4距离的位置产生的弯矩就是固定的，所以实际升力对机翼产生的作用可以用作用在焦点的力及一个弯矩来替代。弯矩变化示意图如图3-6所示。

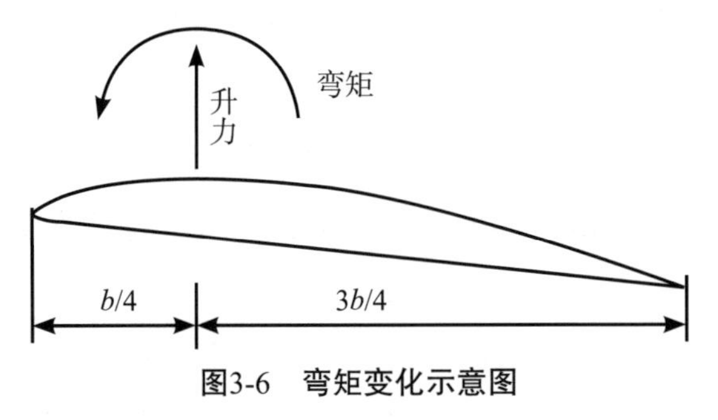

图3-6　弯矩变化示意图

有时候也直接把焦点当作压力中心，此焦点其实有一点点变动。翼型资料里也有一个焦点弯矩系数，但与升力、阻力系数不一样的是，焦点弯矩系数是一个定值，不随攻角改变，中弧线越弯则弯矩系数越大。即使这样简化后，很多读者仍稍嫌困难，再予以简化，考虑升力及弯矩的共同作用后，一般翼型约在1/3前缘的位置，这样就不需要再考虑弯矩的作用了，这种精确度对普通模型飞机已够使用，进一步讨论请参阅第6章。还有一点要注意的就是，图3-6中的升力朝正上方，实际上气流对机翼的作用力如图3-7所示。该作用力有点往后倾，把力分为向上的升力及向后的阻力，可以很明显看出，攻角越大，阻力也越大，因为阻力至重心的距离很短，所以分析平衡时，阻力产生的力矩都予以省略。

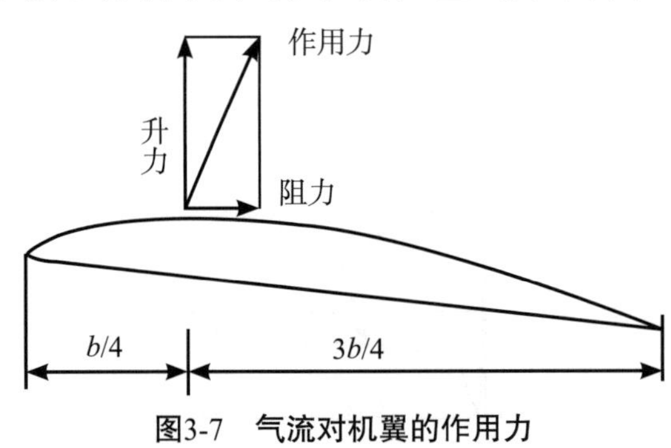

图3-7　气流对机翼的作用力

对矩形翼飞机而言，压力中心的确定至此告一段落，但对于锥形翼或后掠翼还需计算升力平均翼弦位置以确定压力中心。采用图解法以求出压力中心变化，如图3-8所示。

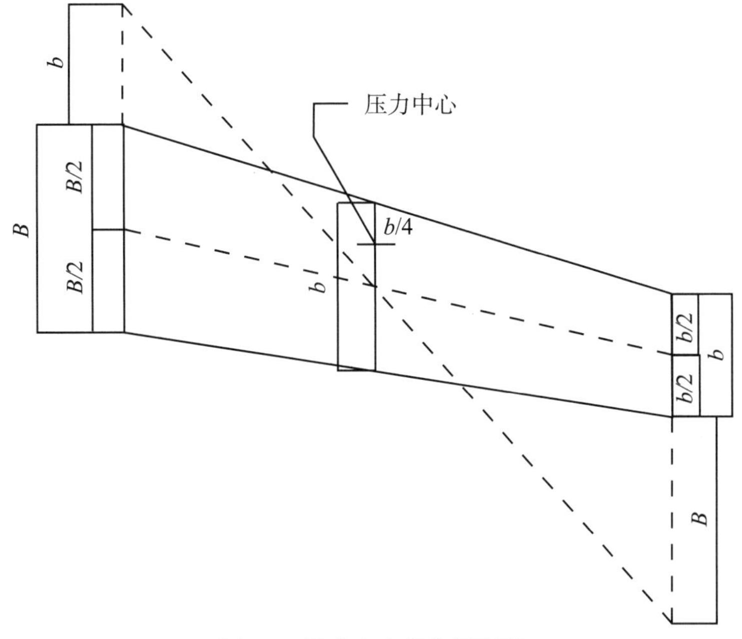

图3-8 压力中心变化示意图

3.3 外洗角

飞机失速时，人们希望其从翼根开始失速，失速后机头往下掉，于是迅速获得速度恢复操控，而尽量避免翼尖失速，翼尖失速时先失速的一边机翼往下掉，飞机发生螺旋下坠，有可能无法恢复。由于失速与攻角有关，可以设法避免让失速先发生于翼尖，即在设计时让翼尖和翼尖攻角不一样，让翼尖的攻角小1°～2°，就可以延后翼尖失速，这个角度叫外洗角，这样做的代价是翼尖升力系数减小，但翼尖的诱导阻力也略微减少，这在实机上尤其是螺旋桨飞机上是很常见的做法。一般高级滑翔机、牵引机及手掷机几乎都有外洗，无尾翼飞机翼尖一般外洗到负攻角，以便提供配平力。

以上的外洗称为几何外洗，另外有一种外洗称为气动外洗，就是机翼翼根至翼尖的攻角都不变，但翼尖、翼根分别使用不同的翼型，翼尖使用较不容易失速的翼型，如此一来也可保证翼根先失速。

实际上翼尖反而不使用比较不容易失速的对称翼，而是利用零升攻角至失速角范围较大的内凹翼型，再配合几何外洗，这样翼尖升力不会损失太多而又达到了外洗的目的。

3.4 上反角

上反角就是当机翼摆正时翼前缘与水平线的夹角。大部分飞机都有上反角，常见的形式包括：①一级上反角示意图如图3-9所示，其制作简单，效果也很好；②二级上反角示意图如图3-10所示，其内、外机翼上反角度不同，外翼上反角较大，修正效果最好；③U形上反角如图3-11所示，其内翼没有上反，只有外翼有上反，机翼中间应力集中处没有接点，结构坚固，手掷机常用；④反海鸥翼示意图如图3-12所示，其内翼下反，外翼上反，优点是轮架装在内外翼交接处，因离地面近，可以做得又粗又短。反海鸥翼实物图如图3-13所示。

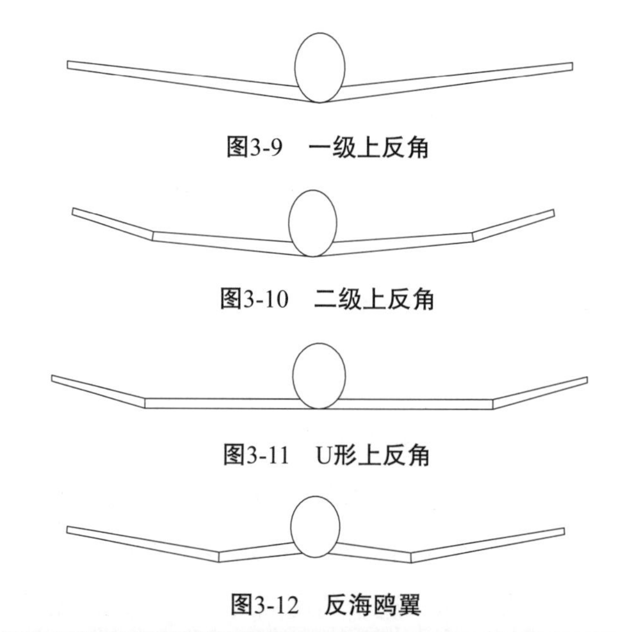

图3-9　一级上反角

图3-10　二级上反角

图3-11　U形上反角

图3-12　反海鸥翼

图3-13　反海鸥翼实物图

航模飞行时，上反角的作用有以下几方面。

（1）维持滚转方向平衡：当飞机飞行中突然受到侧向力时，如一阵风的影响，飞机会倾向另一边，这时上反角就要负责将飞机修正回来。大部分人认为当机翼倾向一边时，水平投影面积一边增加而另一边减少，产生一个回复力矩，水平投影面积回复力矩如图3-14所示。其实这是不恰当的说法，回复力矩确实存在，但非常小，图3-14强调回复力矩，上反角增加为16°，实际上反角不可能那么大，拿上反角3° 来说，投影面积最多改变1%。实际的情况是，假设遇到右阵风，飞机往左倾，左边机翼往下掉，于是左边机翼的相对气流除了产生从前缘往后缘流的向量以外，还产生一个从下往上的向量，结果就是相当于左边机翼攻角增大，升力增大，右边刚好相反，升力减小，于是产生修正力矩，使飞机摆正。垂直投影面积回复力矩如图3-15所示。

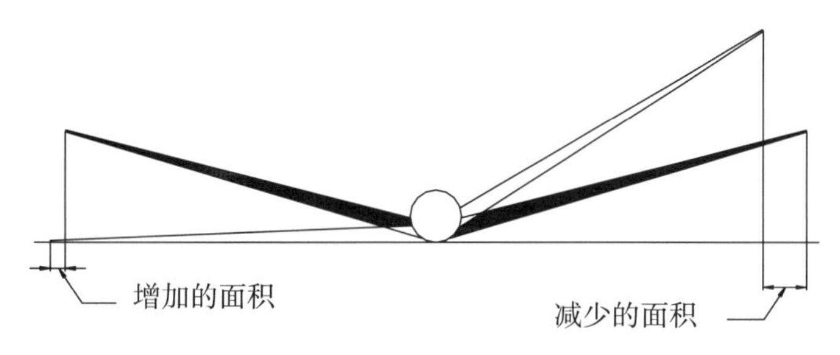

图3-14 水平投影面积回复力矩

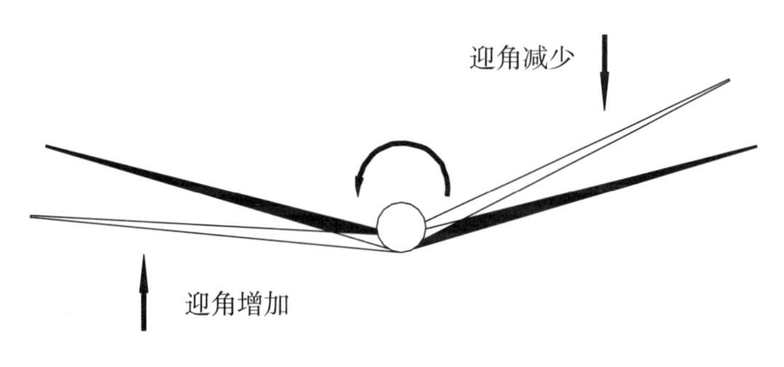

图3-15 垂直投影面积回复力矩

（2）转向：很多小型遥控飞机没有副翼，只有方向舵，但转向时一样侧倾后转向，这是因为上反角的关系。当想控制飞机左转而把方向舵往左打时，因方向舵产生一个向右的力，机头朝左偏，但还是往前飞，偏航运动示意图如图3-16所示。因右翼上反的关系，相对气流相当于右边机翼攻角增大，于是升力增大；左翼刚好相反，升力减小，于是飞机向左侧滚转，配合升舵完成左转。曾有飞手做过一架上反角为0° 的特技机，打方向舵后机头歪向一边但不转向，这印证了以上理论。

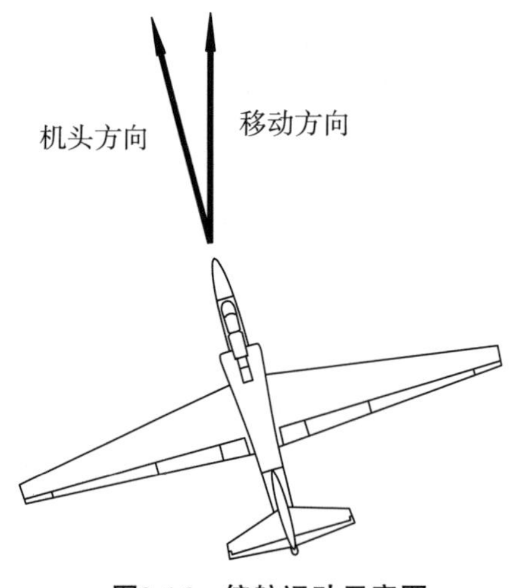

图3-16　偏航运动示意图

（3）提高压力中心：机翼上反后，压力中心也提高了，有助于提升稳定性。因此虽然练习机需要高稳定性，但有些实机的练习机仍采下单翼配置，这类飞机上反角都比较大，这主要是从稳定性考虑的。

上反角效益很大，但角度过大时，修正力矩过大，将很难转向，而且此时机翼垂直投影大，如果垂直尾翼再相对小，飞机的直线性就会变差，飞起来就会左右摆头。遥控特技机则因翼前缘有一点后掠，已有稳定作用。

3.5　尾翼

3.5.1　垂直尾翼

垂直尾翼分两部分，固定于机身上不动的叫垂直安定翼，能左右摆动的活动部分叫方向舵。垂直尾翼负责左右的稳定，原理就如同箭的箭羽一样，当飞机偏航时产生一个修正力矩，使飞机恢复直线飞行。垂直尾翼直线飞行示意图如图3-17所示。

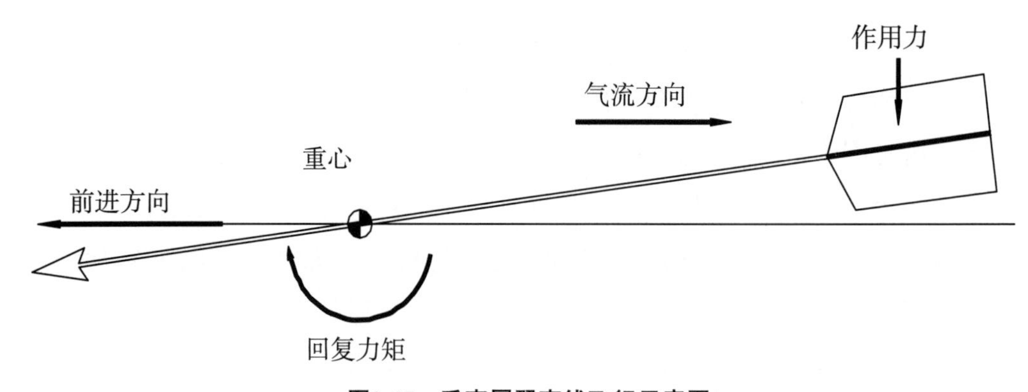

图3-17　垂直尾翼直线飞行示意图

方向舵负责转向，当方向舵往一边打时造成飞机偏航，如前所述，上反角造成左右翼对气流攻角的改变，于是飞机转向。垂直尾翼的构型除传统式外，还有双垂直尾翼、H形尾翼及V尾翼。H形尾翼就是在水平尾翼两端各有一个垂直尾翼，如B24、B25机（见图3-18）和兰开斯特轰炸机，此种构型用在模型飞机上则很脆弱，要特别注意。V尾翼则是水平尾翼兼具垂直尾翼功能。在遥控飞机上方向舵一般都与转向轮联动，在实机上也都是由踏板操纵的，但控制方向舵时是用踩的，而控制转向轮时是用蹬的。

图3-18 B24、B25机

3.5.2 水平尾翼

水平尾翼也分两部分，固定于机身的叫水平安定翼，活动部分叫升降舵。有一些飞机采用全动式尾翼，就是整片水平尾翼皆可转动，水平尾翼负责俯仰的稳定，即如同箭的箭羽一样，升降舵负责飞机的俯仰。水平尾翼形式也很多，按位置高度变化有传统式尾翼、T形尾翼、折中式尾翼；按前后位置变化，有些在垂直尾翼前，有些在后，也有在主翼前面的前翼机。

3.5.3 尾翼面积及展弦比

垂直尾翼与水平尾翼基本上也是一片小型的机翼，因舵角的改变而产生升力使飞机偏航或俯仰，在确定一架飞机的垂直尾翼与水平尾翼面积以便提供合理的稳定性及操纵性时，有以下几种因素必须考虑。

（1）机身越长，尾翼与重心距离远，因杠杆原理，所需面积较小。

（2）垂直尾翼与水平尾翼的断面如有做翼型，因较单片式断面效率好，面积也可减小，全动式尾翼情形也一样。

（3）机翼展弦比高，对攻角比较敏感，水平尾翼可以小一点。

（4）对于像真机，因雷诺数较实机小，而且机身都比较粗，尾翼面积必须增大。

（5）三角翼飞机及圆盘机，因翼弦长，故雷诺数大，比较不容易失速，常常进行低速高攻角飞行，尤其是降落时，垂直尾翼必须做高一些，以避开主翼后面的尾流，免得飞机左右摆头，必要时在机腹下加做一片或两片腹鳍。

（6）水上飞机因水脚侧面积大，垂直尾翼要适度地增大。

因垂直尾翼与水平尾翼基本上也是一片小型的机翼，所以也有展弦比的考量。因展弦比的大小影响失速的先后，所以人们希望垂直尾翼与水平尾翼不能比主翼先失速，且万一主翼失速往下掉的时候，还能以尾翼改变飞机的姿态以便获得速度，所以一般垂直尾翼展弦比小于水平尾翼展弦比，也小于主翼展弦比。

3.5.4 T形尾翼

T形尾翼就是把水平尾翼安装到垂直尾翼的翼尖，其最大的特点就是位置较高。T形尾翼机示意图如图3-19所示。国产运输机运-20使用的就是T形尾翼，事实上，大部分大型军用运输机都采用T形尾翼。

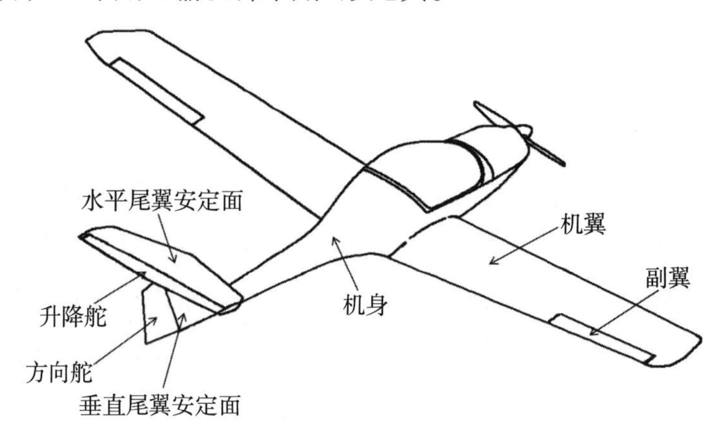

图3-19　T形尾翼机示意图

水平尾翼因位置关系常常处于主翼后面的尾流中，当然还有螺旋桨的尾流，这会造成难以预测的后果，而T形尾翼机则将水平尾翼置于垂直尾翼顶端，以避开主翼的尾流，如此一来效率当然增大了，因此很多滑翔机采取T形尾翼。但T形尾翼在结构上是一个弱点，设计结构时须注意，T形尾翼机有一个特殊的问题即“深失速”，深失速是当飞机主翼失速时，主翼及机身往下掉时所带的尾流刚好打在T形尾翼上，这时升降舵没有作用，而主翼（见图3-20）早已失速，于是飞机就摔下去了。NASA的深失速试验机如图3-21所示。经过特别改造，让失速时水平尾翼仍有作用，可由机上丝带看出飞机下坠的方向。机身短、胖，展弦比低，重心偏后的飞机比较容易发生深失速。

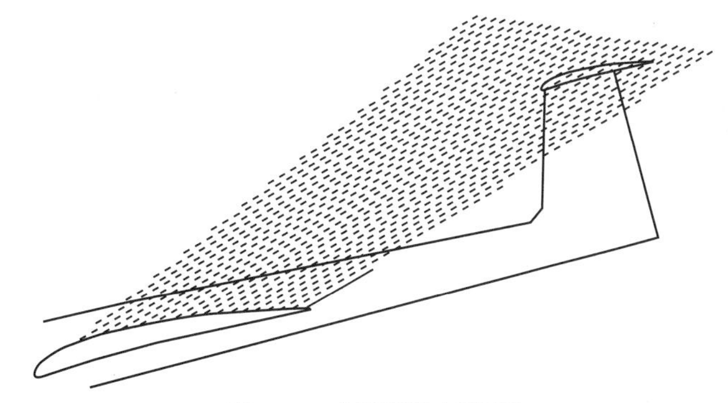

图3-20　主翼结构示意图

图3-21　NASA的深失速试验机

3.5.5　前翼机

前翼机是水平尾翼在机身的前端、主翼在后端的飞机，即人们通常讲的鸭式布局，莱特兄弟的第一架飞机就是前翼机。莱特兄弟的前翼机如图3-22所示，垂直尾翼两片在后面，水平尾翼两片在前面，其首飞时间是1903年12月17日，在12 s内飞了40 m。

图3-22　莱特兄弟的前翼机

首先不着陆环绕地球一周的航行家号也是前翼机。航行家号前翼机如图3-23所示。这架飞机使用高科技材料，空重只有200磅[①]，却载了700磅的油料，全身有17个油箱，本来有翼尖小翼的，但右边的起飞时在地上磨擦掉了，为了平衡所以把左边的设法在空中甩掉。事实上它的制造厂伯特·鲁坦飞机公司生产的飞机都是前翼机。前翼机有以下优点：①它的水平前翼产生升力，可分担主翼的负担，不像传统飞机的水平尾翼产生向下的配平力；②可以把前翼攻角装得比主翼稍大，且展弦比稍高，这样可以确保前翼先失速，失速后头先往下掉，迅速获得速度恢复控制。但鸭式布局的飞行器是一种不稳定平衡。

图3-23　航行家号前翼机

3.6　襟、副翼

襟、副翼是主翼后缘可活动的翼片，襟、副翼的作用是通过改变机翼后缘的角度使机翼的攻角改变，因而增大或减小升力，以改变飞机的飞行姿态。副翼动作时，左、右副翼一上一下，副翼向下的一边机翼攻角增大，升力增大，副翼向上的一边机翼攻角减小，升力降低，左、右翼升力一边增大另一边减小，于是飞机产生滚转。襟、副翼示意图如图3-24所示。

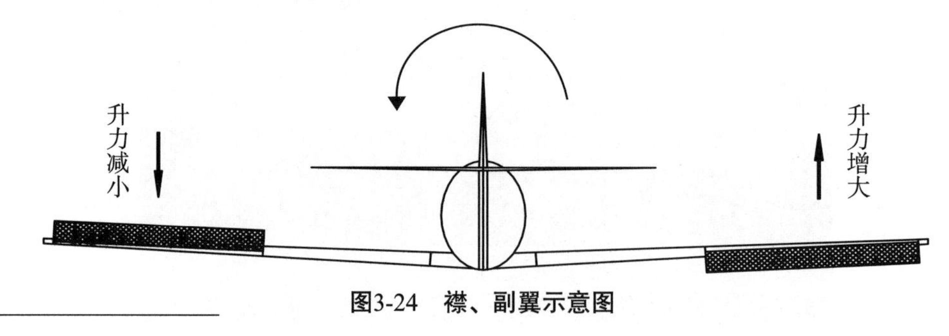

图3-24　襟、副翼示意图

① 1磅=0.453 59 kg。

襟翼动作时，右襟翼同时往下，相当于翼型中弧线弯度增大，升力系数增大，其变化如图3-25所示。于是飞机速度降低即足以维持飞行。前面提过在飞机降落时会维持相同下降速率，这时升力并未减小（还是等于飞机重力），否则根据牛顿第二定律飞机会越降越快，襟翼一般用于降落前，襟翼放下后阻力也同时增大，以便降低落地速度。有些人为了使飞机触地时不发生“海豚跳”，在降落时把襟翼往上打，使得落地速度非常快，这是不正确的，触地时会发生“海豚跳”表示落地速度太快，正确的做法应是增大飞机攻角，降低落地速度而不是减小升力。

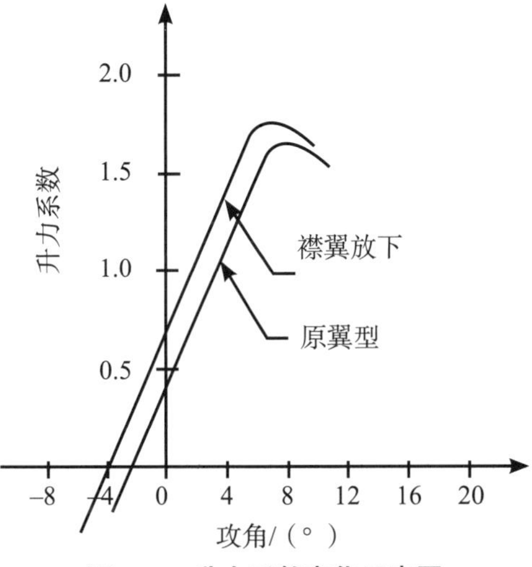

图3-25　升力系数变化示意图

模型飞机所用的襟翼大部分是费雷式襟翼，襟翼还有其他如莱特式、富勒式等形式。根据杠杆原理，滚转的力臂越长越有利，所以副翼都在翼尖，襟翼在翼根。因襟、副翼都位于机翼后缘，所以有时候襟翼与副翼结合在一起叫襟副翼，同样情形如果是在三角翼飞机上，升降舵与副翼结合叫升降副翼。V尾翼机如图3-26所示。

图3-26　V尾翼机

高级滑翔机因阻力小、机翼效率高，滑空比大，速度也快，若降落时只放下襟翼，速度仍较快，因此降落前或需要减速时襟翼往下、副翼同时往上，以降低滑空比，这叫作butterfly设定。这时机翼上共需4个舵机，如图3-27所示。

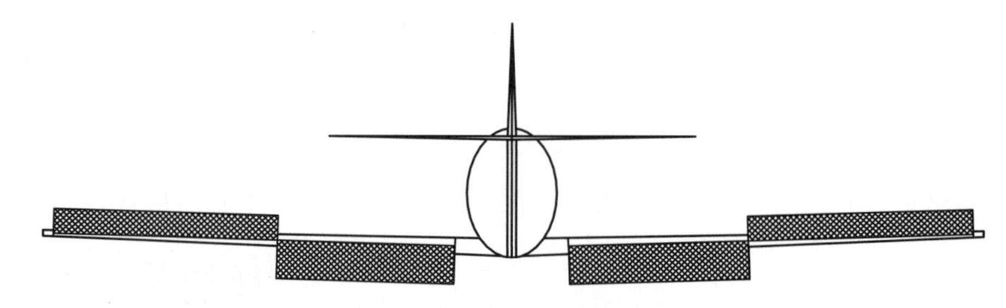

图3-27　4个舵机结构示意图

副翼往下，除升力增大外阻力也增大，副翼往上升力减小阻力也同时减小。当一架飞机向副翼转（假设往右转），此时右边副翼往上升力减小，左边副翼往下升力增大，飞机往右滚配合升降舵开始转向，但一架高展弦比的飞机欲往右转，左边副翼往下时，因机翼的扭矩增大，机翼外洗角变大，抵消了升力，且产生的阻力过大，因减速的作用，左翼偏后右翼往前，又因上反角的关系右翼攻角增大左翼攻角减小，飞机反而往左转，这种现象叫副翼倒转。要避免发生副翼倒转可以设定差动，就是让副翼往下的角度比往上的角度小，以便减小阻力。此外就是要加强机翼的刚性以抵抗扭力。

飞机要降低速度时可以将襟翼放下，但襟翼放下升力也增大。扰流器可立刻降低速度却不增大升力，甚至降低升力。扰流器结构示意图如图3-28所示。扰流器有各式各样的形式，有些装在机翼上面有些装在机翼下面，装在机身上的一般称空气刹车，效果都不错，要尽量密合，以减小寄生阻力。扰流器也可用来转向，原理与副翼倒转原理完全一样，只是这是故意让它发生的。如要右转，则把右边的扰流器放下，产生左偏航，因上反角关系飞机朝右偏。扰流器对于老鹰造型的像真滑翔机特别适用，扰流器藏

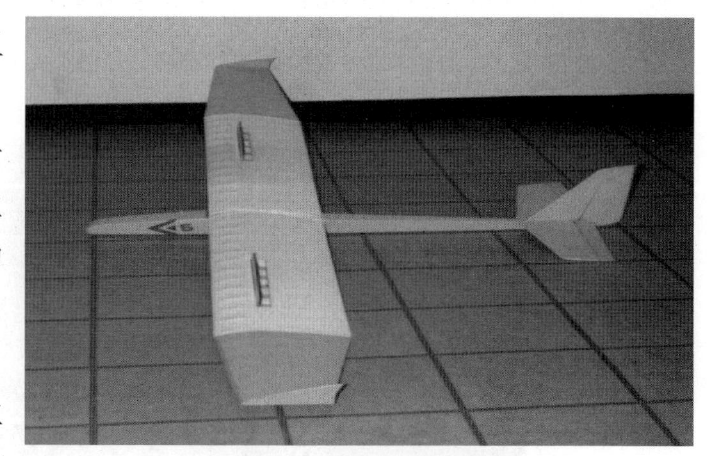

图3-28　扰流器结构示意图

在“老鹰翅膀”下面，从上面看不到副翼，像真度高，制作也简单。

3.7　平衡与安定性

3.7.1　平衡与安定性的定义

力的平衡条件有六个，分别是*X*、*Y*、*Z*三个轴力的平衡及绕*X*、*Y*、*Z*三个轴弯矩的平衡。轴力不平衡则会在合力的方向产生加速度，弯矩不平衡则会产生旋转加速度。飞机平衡后才能维持稳定飞行，但平衡不一定具安定性。安定性是指当平衡因阵风或其他因素被破坏时，飞机有自行恢复平衡的能力。安定性好的飞机平衡被破坏后能迅速修正回来，安定性不好的飞机平衡被破坏后会产生波状飞行或左右摇晃，甚至根本不能恢复。大部分自由飞的飞机因效率的关系只在一个固定速度及姿态下才能平衡，所以手掷飞机比赛时投掷的技巧很重要，飞机掷出后在最高点冲力消失的一刹那，要将飞机摆为滑翔的姿态开始滑翔，否则高度降低很多时才能恢复平衡开始滑翔，飞行效果极差。

3.7.2　重心上下位置

飞机根据主翼的位置可分为上单翼、中单翼及下单翼，主要的考量在于安定性。飞机的升力作用点与重心位置示意图如图3-29所示。

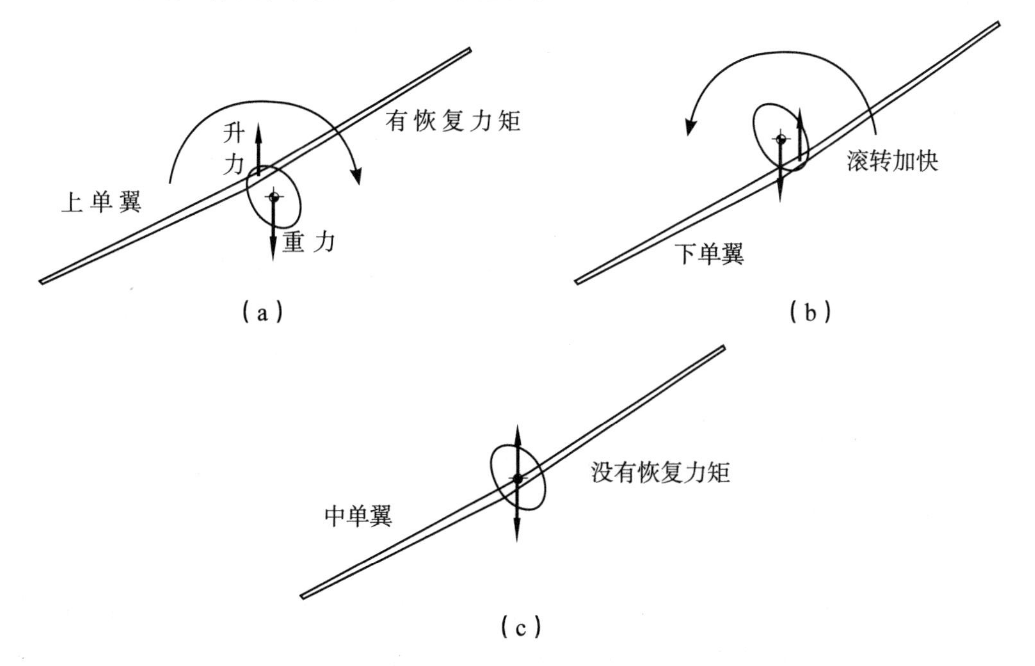

图3-29　飞机的升力作用点与重心位置示意图

上单翼飞机重心在压力中心之下，当飞机倾斜时，升力与重力有一个自动恢复的力矩，很适合遥控练习机，当然也很适合自由飞的飞机。下单翼飞机重心在压力中心之上，当飞机倾斜时，升力与重力造成的力矩不但不会使飞机恢复平衡，反而会使飞机加速侧滚，这正是特技机需要的特性。反应如此敏捷的飞机当然不是很适合作为练习机，但如果下单翼飞机上反角大，压力中心也相对提高，安定性也提高，所以有很多实机的初级练习机也是下单翼飞机。至于有些教练机采用下单翼而不用较稳定的上单翼则是因为起落架。上单翼飞机的机翼离得太远，起落架只能装在机身上，两个轮子的宽度就很小了，降落时一个不小心翼尖就会擦到地面；下单翼飞机起落架分别装在机翼两边，这样就够宽了，下单翼飞机加装水脚变成水上飞机时，因重心降低也有助于稳定。中单翼飞机压力中心与重心几乎重合，飞机由正飞转倒飞或由倒飞转正飞感觉都一样，所以很多特技机采用中单翼设计。但中单翼设计采用最多的不是特技机，而是竞速机及高级滑翔机，这不是为了安定性，而是为了减小寄生阻力，因为主翼与机身接合处有严重的寄生阻力，所以必须予以整形。中单翼飞机示意图如图3-30所示。中单翼飞机所需要的代价最少，不过中单翼飞机主翼与机身接合处是一个结构弱点。滑翔机机翼比较长，采用左右插销方式不会破坏机身完整性，特技机因为要做激烈动作而无法采用插销方式，机身开口处结构要特别加强。

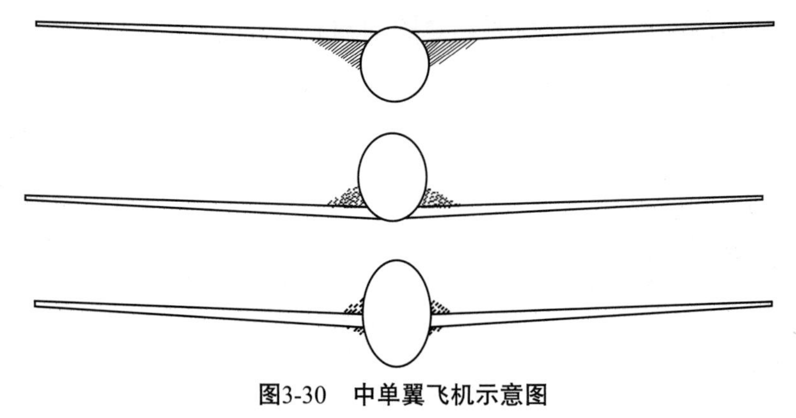

图3-30　中单翼飞机示意图

3.7.3　纵轴平衡

飞机重心的前后位置同样影响飞机的安定性。飞机的安定与平衡有3种形式，如图3-31所示。

（1）不安定、平衡：重心在压力中心之后，当飞机受阵风或其他外力影响产生抬头时，主翼攻角增大，升力增加，焦点弯矩不变，升力与重力产生的力矩会增大抬头的趋势，所以是平衡但不安定，如图3-31（a）所示。

（2）中性安定、不平衡：重心与压力中心在同一直线，没有修正力矩来平衡焦点弯矩，所以称中性安定但不平衡，如图3-31（b）所示。

（3）安定、不平衡：重心在压力中心之前，当飞机受阵风或其他外力影响产生抬头时，主翼攻角增大，升力增大，升力与重力产生的力矩会减小抬头的趋势，所以称安定但不平衡，如图3-31（c）所示。

由以上分析可看出，没有水平尾翼的飞机无法保持俯仰安定与平衡（S形翼除外），故水平尾翼有其必要性。

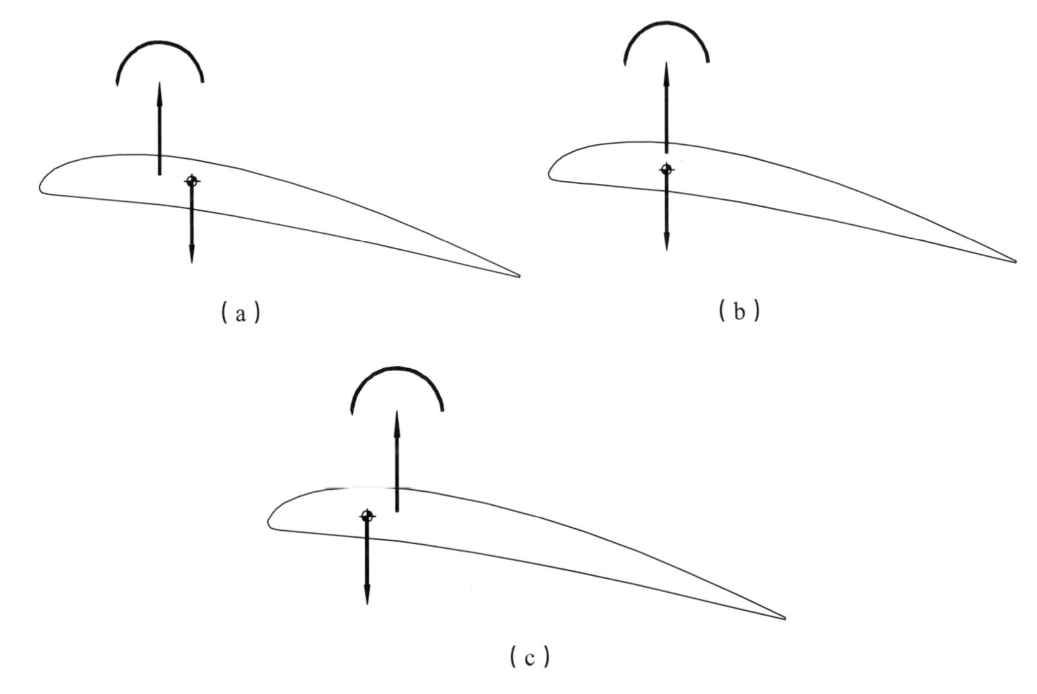

图3-31　飞机的安定与平衡的形式

（a）不安定、平衡；（b）中性安定、不平衡；（c）安定、不平衡

3.7.4　重心前后位置

实际上飞机重心前后位置设计必须与水平尾翼配平力等一并考虑。机翼产生升力的同时亦产生一弯矩，当速度固定时，升力对机翼前缘1/4距离的位置产生的弯矩是固定的，所以实际升力产生的作用可以用作用在焦点的力及一个弯矩来替代。作用于飞机的力都是平衡的，向上力的和等于向下力的和，顺时针弯矩的和等于逆时针弯矩的和。现将飞机装上尾翼后再分析飞机的安定与平衡，包括以下5种情况：

（1）重心在压力中心之后、尾翼升力向上，其结构示意图如图3-32所示。这是自由飞模型最常采用的配置，重心在机翼偏后位置，自由飞模型一般重心在前缘50%～90%位置，主翼升力对重心产生的弯矩无法抵消焦点弯矩，尾翼需一个向上的升力，以便产生一个逆时针弯矩，这时飞机的重力等于主翼升力L_1加尾翼升力L_2（$W=L_1+L_2$），即尾翼分担部分主翼的负担。但既然尾翼有升力就多了一组诱导阻力，另外当飞行中遇到阵风或飞机加速时，因升力与速度的二次方成正比，主翼与尾翼升力同时增大，飞机就不由自主往上升，这对于自由飞模型，固然可以争取飞得更高，但对遥控特技飞机就不是一件好事了。

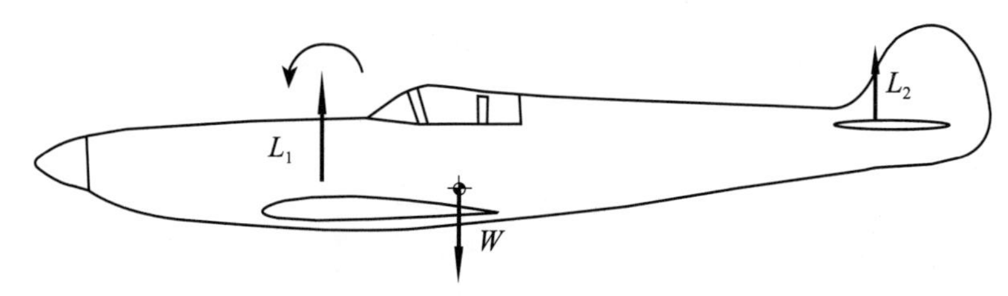

图3-32　尾翼升力向上结构示意图

（2）重心在压力中心之后、尾翼无升力，其结构示意图如图3-33所示。一般内凹翼型重心约在前缘33%位置，很多遥控模型飞机采用此种配置。这是因为压力中心原在25%位置，再加上焦点弯矩转化为升力对重心的位移，约8%。故假设把压力中心移至33%位置时刚好无弯矩作用，此时主翼升力等于飞机重力（$W=L_1$，$L_2=0$），所以尾翼的配平力为零，尾翼没有升力就没有诱导阻力是其最大优点。

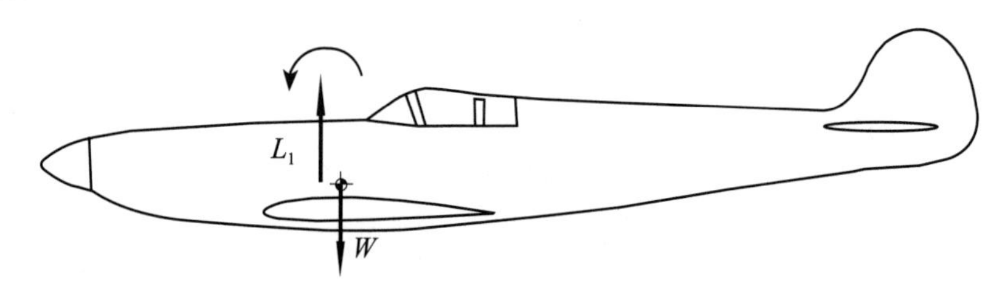

图3-33　尾翼无升力结构示意图

（3）重心与压力中心位于同一线之前、尾翼升力向下，其结构示意图如图3-34所示。这种配置重心在压力中心位于同一直线，主翼升力对重心未产生任何弯矩，焦点弯矩无法抵消，尾翼需一个向下的力，以便产生一个顺时针弯矩以取得平衡，这时飞机的主翼升力L_1等于重力W加尾翼向下升力L_2（$L_1=W+L_2$），即尾翼消耗部分主翼的升力。

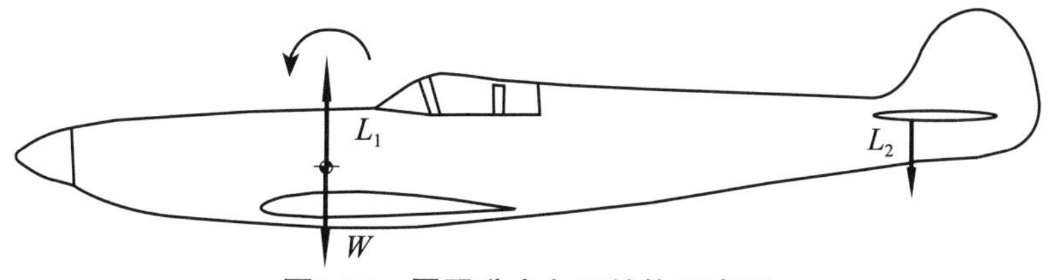

图3-34　尾翼升力向下结构示意图

（4）重心在压力中心之前、尾翼升力向下，其结构示意图如图3-35所示。这种配置有天生的安定性，是像真机、遥控练习机最常采用的配置。主翼升力对重心产生的弯矩及焦点弯矩需由尾翼向下升力产生的顺时针弯矩予以配平，这时飞机的主翼升力L_1等于重力W加尾翼的向下升力L_2（$L_1=W+L_2$），即尾翼消耗部分主翼的升力。

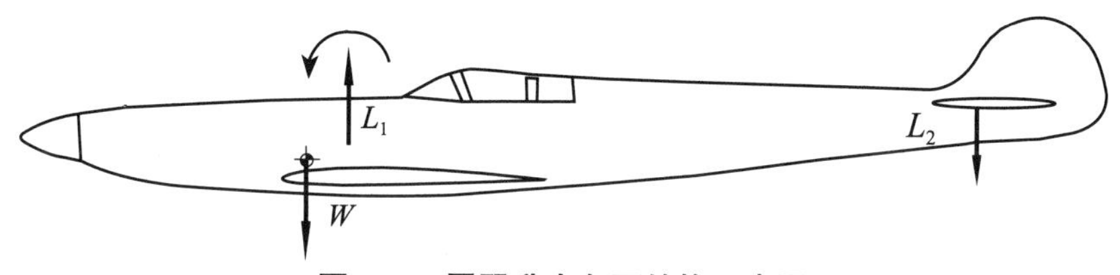

图3-35　尾翼升力向下结构示意图

（5）前翼机升力向下，其结构示意图如图3-36所示。重心在压力中心之前，主翼升力对重心产生的弯矩及焦点弯矩需由前翼来配平，因前翼在主翼前方，所以前翼升力向上产生顺时针弯矩以便配平，飞机的重力等于主翼升力加前翼升力L_2（$W=L_1+L_2$）。

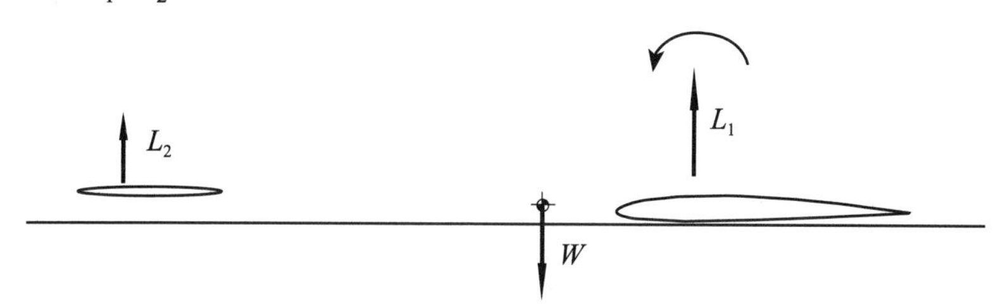

图3-36　前翼机升力向下结构示意图

重心在压力中心之后，尾翼产生向上的升力分担部分主翼的负担，这是很好的方法，主翼面积可以缩小，以减小重力及阻力，但这种配置方式飞机只在一个速度下平衡，当飞行中碰到阵风或飞机加速时，飞机就不由自主往上升。遥控飞机还有另一个问题，当操纵者打升舵欲往上飞时，尾翼攻角改变升力改为向下产生顺时针弯矩，尾翼攻角改变升力结构示意图如图3-37所示。主翼攻角增大，升力增大，增大的升力对重心的顺时针弯矩使机头抬得更高，使主翼攻角进一步增大，结果使升力再增大，恶性循环使飞机反应过度，变得非常敏感，严重时根本无法操纵。

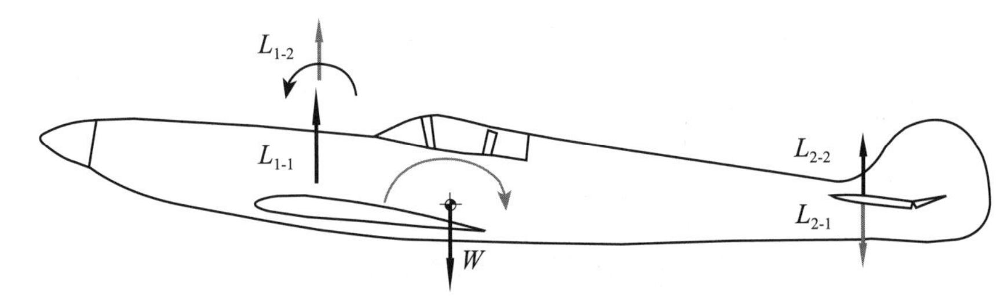

图3-37 尾翼攻角改变升力结构示意图

自由飞模型通常只有一种飞行速度，即滑降。遥控模型就比较复杂，操纵练习机的初学者希望当飞行姿势乱掉时，只要把手离开摇杆，飞机就会自动恢复水平飞行，飞机对舵的反应不应太敏感；特技机的情况则刚好相反，希望飞机对舵的反应灵敏，当爬升或俯冲时不希望有慢慢恢复平飞的倾向。所以重心的位置非常重要，但重心的位置并没有一个明确的分界点。如在某一点则安全，在另一点则敏感，一般遥控模型飞机重心在前缘25%～33%都可以，像真机还可以再往前一点，市售遥控飞机的设计图上标示的重心大部分都不是固定的一点，而是一个范围，总之重心越偏前面纵向越安定，越偏后面越敏感。另外一个要注意的地方是，测量重心位置时油箱不装燃油，因一般飞机油箱都在机头，测量起来重心偏前，有飞手飞过几次重心太偏后的飞机，刚起飞时还好，当燃油越用越少时重心会越来越偏后，最后就导致无法操纵而摔机。

重心在压力中心之后的配置，尾翼产生向上的升力分担部分主翼的负担，因此主翼面积可以缩小，以减小重力及阻力，前已提过这种配置方式飞机只在一个速度下平衡，但因为现在计算机技术发达，于是发展出线传飞控（Fly by Wire，FBW），这种配置大为流行。其方法为，使用各种传感器得到飞机速度、姿态等数据，经计算机计算后，每秒发出几十次修正命令给操纵面，使飞机保持平衡。现在新一代战机如F16、幻影2000、F22都是FBW，民航机如法国空中巴士（Airbus）的飞机也是FBW。F16起飞时，当飞机由停机坪往跑道滑行时，因此时计算机已开启，地上任何不平整都会使飞机发生颠簸，计算机就认为姿态改变了，于是发出修正命令给升降舵，结果升降舵会猛地上下修正。以前因为计算机程序问题，法国空中巴士的飞机曾在航空展当场发生计算机与人抢操纵权的事情。

本章小结

常见的翼形有矩形翼、锥形翼和椭圆翼。

翼上前缘气流速度最大，静压力最小、升力最大。

为推迟翼尖处失速，往往减小翼尖的攻角。

上反角度过大时，修正力矩过大，将很难转向，而且此时机翼垂直投影大，如果垂直尾翼相对小，则飞机的直线性会变差，飞起来就会左右摆头。

按照安装方向，尾翼分为垂尾和平尾。航模中最常用的舵面有垂尾的方向舵、平尾的升降舵、副翼和襟翼。

重心位置常在焦点之前，以增加飞机的稳定性。

习题

（1）从气动压力角度分析襟翼安装在机翼后缘的优势。

（2）民航客机常使用带上反角的机翼，其有何优点?

（3）分析T形尾翼与常规尾翼的优缺点。

（4）从阻力和升力角度分析如何通过襟翼、副翼实现对飞机的控制。

（5）为什么重心在焦点之后的布置方式难以在实际中应用?

第4章 动　　力

4.1 螺旋桨的原理与分类

螺旋桨负责把引擎的功率转变为向前的推力，其重要性不言而喻。螺旋桨推进飞机的原理与火箭、导风扇飞机、喷射机不同，也与船用螺旋桨不同，火箭等前进是因为动量守恒。如果飞机也是靠动量守恒的原理前进，那螺旋桨就要把空气尽量快、尽量多地往后吹去，那螺旋桨的形状就应该像电扇叶片一样宽且短，而不是细细长长的；导风扇扇叶形状类似船用螺旋桨，效率却很低，这是因为导风扇引擎、加速管及支撑等对象挡住了不少气流，而且导风扇后送的空气速度不够快，质量也不够大。

我们应该把桨叶看成一片小型的机翼，引擎转动的速度加上飞机前进的速度，使桨叶对空气产生相对速度，桨叶的截面本来就是一个翼型，根据伯努利定律产生升力，只是此时的升力是向前的，称为推力，使飞机向前。历史上有名的竞速机GeeBee，拿到过很多次世界冠军，也有不少模型像真机（请读者注意其螺旋桨与机身的比例），其螺旋桨向后的2/3以上气流被引擎及机身偏折，根本没往正后方吹，使人不禁怀疑它怎么飞，可是它还是世界竞速冠军呢，所以螺旋桨的风大不大与推力毫无关系。

螺旋桨可依不同方式分类，我们真正有兴趣的是直径与螺距（可参阅4.2节），其余分类如下。

（1）依桨叶数。

1）单桨：竞速机常用，可避免吃到前叶的尾流，效率最佳，但另一端要配平。

2）双桨：最常见的形式，效率合理，容易平衡。

3）三桨以上：像真机或桨叶长度受限时使用，效率稍低。

（2）依推力方向。

1）拉力桨：也就是正桨，从飞机前面产生拉力使飞机向前。

2）推力桨：也就是反桨，从飞机后面产生推力使飞机向前，少数引擎可逆转，双引擎飞机的其中一个引擎逆转用反桨以抵消反扭力。

（3）依材质。

1）木桨：刚性好，质量轻，但易损坏。

2）塑料桨：造价低，选择性多，较不易损坏。

3）碳纤桨：性能最好，造价最高。

4.2　螺旋桨的选择

螺旋桨一般选择桨叶窄、浆跟厚、螺距大的，螺旋桨实物图如图4-1所示。

图4-1　螺旋桨实物图

螺旋桨铭牌上有一组数字12 × 9，这是选择螺旋桨最重要的一组数字，12代表这支螺旋桨直径是12 in，9代表其螺距是9 in。另一组数字305 × 227是公制，单位是mm，意义完全一样。螺距的意思是螺旋桨旋转一圈，从螺旋桨的角度，理论上螺旋桨前进的距离，其示意图如图4-2所示。当螺旋桨旋转时，桨上的点因距离轴心的不同，行走的距离（πD，D为直径）也不同。现在的螺旋桨都是定螺距桨，就是旋转一圈桨上每一点的螺距都一样，所以越靠近轴心，桨叶角越大，桨尖部分角度就比较小。此外，还有一种定螺角桨，这种桨上每一点角度都一样，当旋转一圈时，桨上每一点的螺距（P）都不一样，越靠近桨尖越大，最常见的就是竹蜻蜓，另外，定螺角桨也常见于初级橡皮筋动力飞机，其制作非常简单。

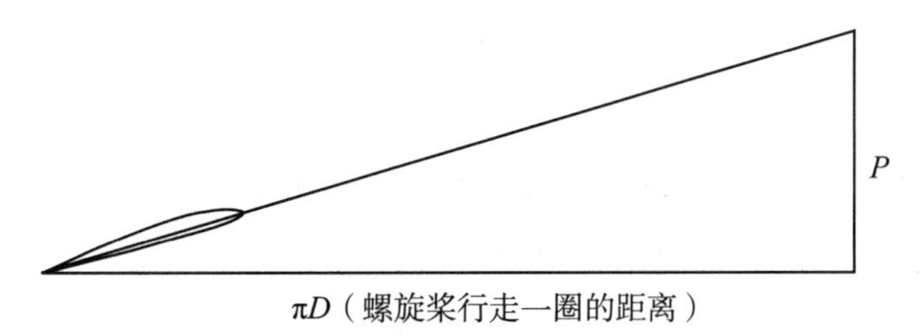

图4-2　螺旋桨前进的距离示意图

如果买一个新引擎，引擎的说明书会建议使用者试车时用多大的桨，像真机用多大的桨，特技机又用多大的桨。在此说明，试车时用的桨一般都比较大，可以防止万一不小心转数过高导致新引擎烧毁。像真机及特技机用的桨不同，最主要的原因是飞机速度不同，特技机一般飞行速度比较快，希望螺旋桨在高速飞行时比较有效率，像真机一般来说翼面负载大，希望螺旋桨在低速时比较有效率，起飞、降落时不会出差错，没人会在意它转速快不快。假设引擎输出的最大功率是一定值，输出功率在螺旋桨到达恒定转速时要克服的是螺旋桨的阻力，前面说过应该把桨叶看成一片小型的机翼，螺距越大桨叶角越大（相当于机翼攻角越大），当然阻力就越大，螺旋桨越长，面积及桨端切线速度也越大，阻力也越大。既然最大功率是一定值，只好在直径与螺距上妥协。

对特技机希望在高速飞行时螺旋桨比较有效率，对像真机希望在低速时螺旋桨比较有效率。桨叶即一片小型的机翼，既然是机翼，同样就会有攻角和失速问题，甚至诱导阻力情形也一样。为了找出最佳攻角，观察螺旋桨高速飞行的示意图，如图4-3所示。合成的气流速度等于螺旋桨的切线速度加上飞机前进的速度：①螺距太大而飞行速度不够快，则攻角太大而失速，这种情形叫螺旋桨打滑；②螺距太小而飞行速度太快，则攻角太小，效率则很低。所以结论是高速飞机用小桨大螺距，低速飞机用大桨小螺距。

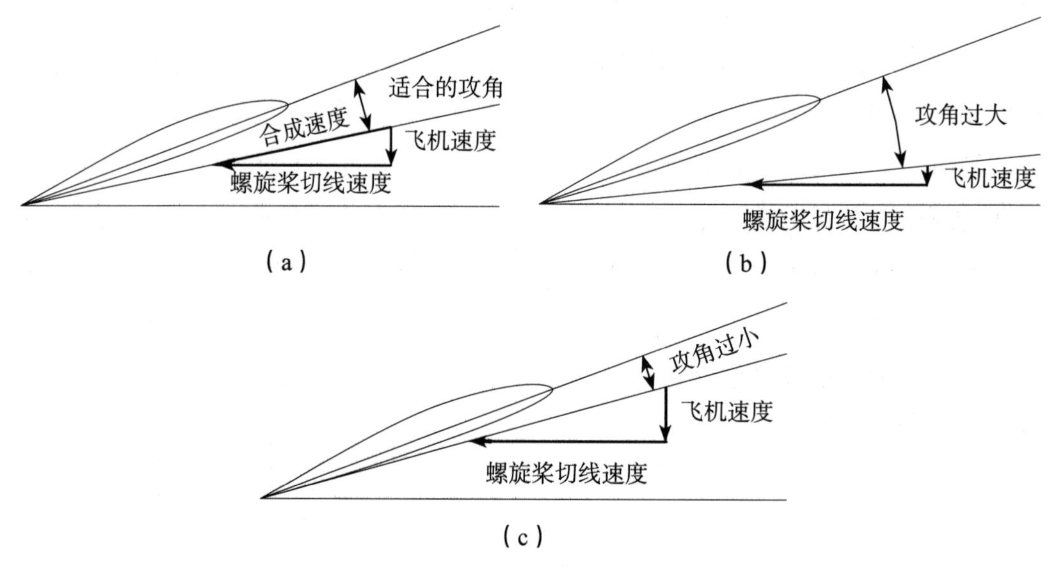

图4-3　螺旋桨高速飞行示意图

螺距最好的调整办法是使用变距螺旋桨，可根据飞行速度改变螺距。第二次世界大战后大部分的螺旋桨飞机都已使用变距螺旋桨，可根据飞行速度变换螺距以取得更好的效率，万一引擎熄火还可以打顺桨，使螺旋桨的阻力减至最低，增加滑行距离。日本MK模型出过一组60级用的可变距桨，但在美国，模型飞机禁止用可变距桨，以防其飞出来伤人，此外螺旋桨靠轴心部分效率很低，所以很多场合装上机头罩以减小阻力。

4.3　螺旋桨角度的计算

现在螺旋桨选择多，价格便宜，模型玩家很少自行制作，但偶尔想玩橡皮筋动力飞机时，就不得不自己动手了。高级室内橡皮筋动力飞机的螺旋桨会随着橡皮筋扭力自动改变螺距，而且整架飞机质量不超过2 kg，很多专业的飞手做的室内机从来没有低于4 kg的。橡皮筋动力飞机制作如图4-4所示。

图4-4　橡皮筋动力飞机制作

橡皮筋动力飞机转速比引擎飞机慢，螺距比（P/D）一般为1.0～1.6，引擎飞机的螺距比大都在0.8以下。

（1）定螺角桨：因为定螺角桨只有一部分效率高，所以螺距以距离轴心70%～80%的部位为准，螺旋桨靠轴心部分效率很低，所以靠轴心30%以内部分根本不做桨叶，只剩一根轴。

（2）定螺距桨：固定螺距桨每个断面角度均不一样，假设要制作一支直径为D、螺距为P的桨，角度图解如图4-5所示。

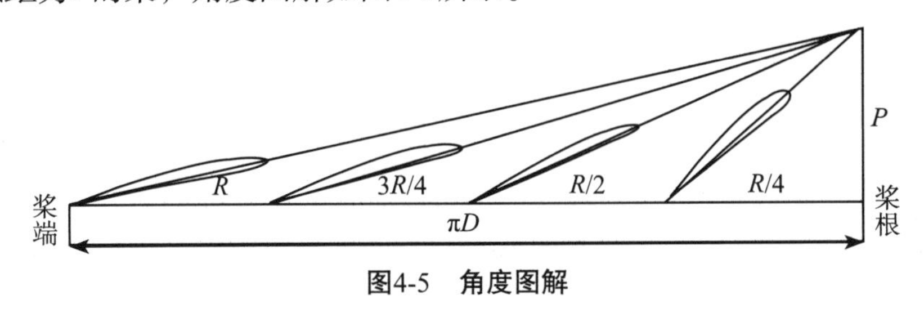

图4-5　角度图解

4.4　引擎的选择

模型飞机使用的引擎有很多种，初学者通常会使用电机（在第1章已经做过介绍，这里不赘述），而资深飞手通常使用油机。

现在大多数人都使用热灼引擎（Glow Engine）及汽油引擎，较少使用的还有其他模型引擎。

（1）柴油引擎：其实它是烧乙醚而不是烧柴油的，只是它跟柴油引擎一样没有火星塞，直接压缩爆发。真正的柴油引擎是将空气压缩后再喷入燃料爆发，而模型柴油引擎是先将空气与燃料混合后再压至爆发。第二次世界大战后欧洲国家管制甲醇及硝基甲烷，所以柴油引擎流行了一阵子。

（2）二氧化碳引擎：使用一个二氧化碳气瓶，借压缩的二氧化碳气体推动活塞驱动螺旋桨，没有任何点火装置也不用燃料，常用于自由飞模型。

（3）脉冲喷射引擎：又叫火管，是与第二次世界大战德国V1火箭相同的引擎，属于喷射引擎的一种，声音极大。我国飞燕公司生产过两种尺寸的此类引擎，美国还有公司生产套件，让人自行制作，号称喷出的火焰有10 m远。

很多人选择引擎的原则是，选择只要塞得下引擎室的最大引擎，这其实是一种不正确的观念。我们知道飞行的阻力与速度二次方成正比，当飞机速度已经很高时，就要增加一点点速度，马力要增加很多，选择超过适当排气量的引擎，不但质量增加，而且因耗油量也增加，所以要装上更大的油箱，翼面负载增加的结果是飞行攻角增大，阻力也因而增大，因此效果很差，更不要提对飞机结构的影响了。要改善飞行效率应从改善飞机的空气动力着手，而不是一味加大引擎。此外，竞速飞机尽量选择高转速、低扭力的短冲程引擎，像真机尽量选择低转速、高扭力的长冲程引擎或四冲程引擎，以使螺旋桨发挥最大效率。

很多人不了解模型引擎的数值（如32、120）代表什么，美国的引擎采用英制，32代表0.32 in^3，120就代表1.20 in^3，1 in^3是16.39 cm^3，所以32引擎的排气量是5.24（$=0.32\times16.39$）cm^3，但世界上其他国家如德国等生产的引擎已渐渐采用公制。

4.5 导风扇

很多像真喷射机机头或机尾装了一个引擎，在天上飞时离得远看上去还好，摆在地面展示时，引擎与螺旋桨很突兀，要把引擎与螺旋桨藏起来，在涡轮引擎还没出来前导风扇是唯一选择。导风扇是利用高转速活塞引擎（转速为24 000 $r\cdot min^{-1}$左右）推动类似涡轮扇叶，将大量空气往后加速，可以仿真出类似涡轮引擎效果。涡轮引擎效果如图4-6所示。图中桨毂的白漆是测量转速用的，导风扇虽然效率低，但因现代喷射机外形都是流线型的，机翼也不大，所以阻力小，像真喷射机飞行速度也不慢，但起飞滑行加速比较慢。

图4-6 涡轮引擎效果

导风扇飞机最需要注意的地方就是空气的进出通道，即进气口和尾喷口。进气口除了截面积要足够大外，也要做得非常流畅，避免粗糙、突出物或沟缝，必要时需要在机腹开设辅助进气口以增加空气进入量。尾喷口除了做得非常流畅外，还要有一点渐缩，以增加排气速度。还有一点要特别注意的，因为导风扇吸力较强，所有零件、电线都须固定好，否则风扇在极高的转速下，任何设备被吸进去，后果都将很严重。

4.6 涡轮引擎

模型涡轮引擎经过这几年的发展已渐渐成熟，但是价位偏高，从早期危险的丙烷燃料到现在的煤油或JP燃料（煤油+汽油），人们可以期待起动更方便，价位更低的引擎出现。模型涡轮引擎是一个具体而微妙的涡轮喷射引擎。涡轮引擎推进的原理是引擎前端将空气吸入后，由压缩器加压，再至燃烧室燃烧，膨胀后的高压气体由后方排出，因动量守恒原理而得到向前的推力，高压气体同时也推动涡轮，涡轮再把动力传给压缩器。军用涡轮扇喷射发动机结构如图4-7所示。根据输出动力方式的差异，涡轮发动机可分为以下几种。

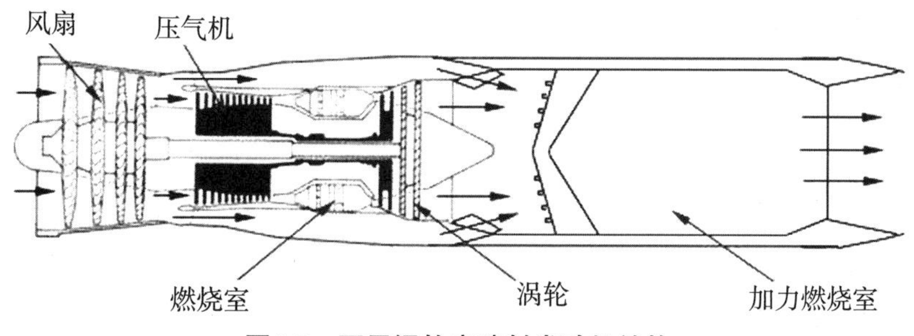

图4-7 军用涡轮扇喷射发动机结构

（1）涡轮喷射发动机：是最典型的喷射引擎，原理如前所述，模型涡轮引擎就是属于这种。

（2）涡轮扇发动机：跟涡轮喷射发动机类似，但有旁通气流，请注意发动机风扇吸入的空气有部分没经过燃烧室就直接加压后排出，那就是旁通气流，流经的位置被称为外涵道，而燃烧的部分被称为内涵道。设置外涵道的优点是比较经济，缺点是飞机最大速度会稍慢，商用喷射机外涵道与内涵道体积的比值都很大，所以发动机看起来都很“胖”。

（3）涡轮旋桨发动机：这也是一种喷射发动机，但是以螺旋桨方式输出动力。跟活塞发动机比，喷射发动机零件少很多，质量也轻，比较便于维修保养，又因为它没有活塞、曲轴、顶杆等的往复运动，所以震动也减少很多。玩过遥控飞机的人都知道，震动是很多问题的根源。

（4）涡轮轴发动机：这也是一种喷气式发动机，但输出的轴马力最大，刚好用在直升机上。现代直升机都采用涡轮轴发动机。

军用涡轮扇喷射发动机的后半截是一个加力燃烧室，加力燃烧室的原理是，空气经过燃烧室燃烧后，只消耗不足10%的氧气，加力燃烧室里面的空气因刚从燃烧室出来所以很热，而且还有很多氧气，那干脆就直接把燃料喷进去燃烧，进一步加热空气以增加推力。这样做的代价是效率非常低，但紧急情况下涡轮喷射型发动机几乎可以增加100%的推力。

涡轮发动机转速很高，怠速时的转速都比活塞引擎的全速还高，所以实机发动机起动时一般都需要电源车或气源车先将引擎预转至点火速度。涡轮发动机还有一些需注意的特性：活塞引擎的功率几乎与转速成正比，但涡轮发动机在转速达最高转速的50%时输出的功率低于20%，且低转速时燃料消耗比约为全速时的3倍，所以低转速时既耗油又没效率，油门的反应比活塞引擎慢很多。此外，因发动机需要大量空气，改变飞行姿态时如进气道设计不好，会使压缩器转子失速，所以涡轮发动机不适合

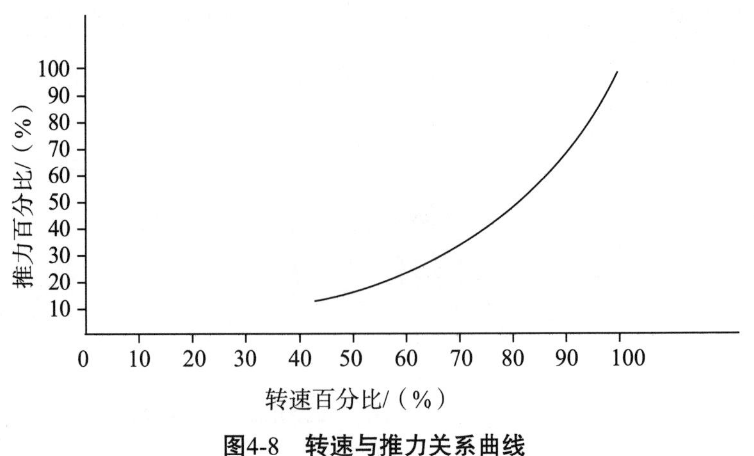

图4-8　转速与推力关系曲线

为特技机提供动力，但因飞行速度冲压的原因，飞机起飞后涡轮发动机效率会提高。转速与推力关系曲线如图4-8所示。

4.7　推力线

4.7.1　引擎下推力与侧推力

人们希望动力飞机引擎油门改变时，只有速度改变而飞行的姿态都不要变。但飞机速度越快升力越大，飞机会往上，油门降低时飞机会往下掉，所以把引擎推力线的安装角度稍微向下调整，让引擎的推力有一些向下的分量，这叫下推力。引擎推力越大，向下分量也越大，以抵消上浮力。

一般螺旋桨都是顺时针（从正面向后看）转的，因螺旋桨反扭力的关系飞机会朝左滚，且此扭力与转速成正比。引擎推力线的安装角度稍微朝右，让引擎的推力有一些向右的分量，这叫侧推力。引擎转速越快，向右分量也越大，刚好抵消反扭力。

4.7.2　陀螺效应

模型飞机还有一个比较奇怪的现象叫陀螺效应，有些飞机在突然爬升时飞机会往左滚，除了机身制作不准确外，很可能是因为陀螺效应。螺旋桨可视为一个转动的陀螺（虽然它的质量只占飞机的一小部分），飞机从平飞改爬升时，由于陀螺效应要补一个向上的向量，这主要适用于高转速引擎（如竞速机或导风扇机）或大螺旋桨的像真机。此外，后三点的像真机起飞时，当速度逐渐增加而尾部抬起来时，陀螺效应加上反扭力也可能使飞机打转。

4.7.3　下推力、侧推力的测试

引擎下推力与侧推力的安装角度一般都非常小，很难一眼看出来，侧推力还可以由引擎的散热片用延长基线方式量出，下推力就没办法了。有些人建议将螺旋桨转至6点、12点方向，将飞机顶住墙壁后垫平，然后测量两个桨端至墙壁的距离，换算出下推力角度，这种方法不准确。在制作飞机时就要尽量提高精度，制作完成后虽然不知道实际角度是否与设计相符，但可由试飞来测试，方法如下。

（1）下推力：将飞机引擎全开后于上空微调成水平直线飞行，约在正前方

上空突然将引擎关至怠速。飞机减速后可能的姿态如图4-9所示，*a*表示下推力过大，*b*表示下推力正确，*c*表示下推力过小。产生姿态*a*的原因是引擎下推力过大，此时为了平衡过大的下推力，飞机被调成有一点升舵，所以飞机才可以维持水平直线飞行，当然这种升舵一般用肉眼看不出来。当引擎关至怠速时下推力消失，但上舵还是有作用，飞机姿态往上仰，但因速度降低升力减小，飞机仍下降，所以有抬头的姿势。产生姿态*c*的原因是引擎下推力不够，此时为了平衡飞机抬头趋势，平飞时飞机被调成有一点下舵，当引擎关至怠速时下舵作用就表现出来，使飞机以陡角度下降。

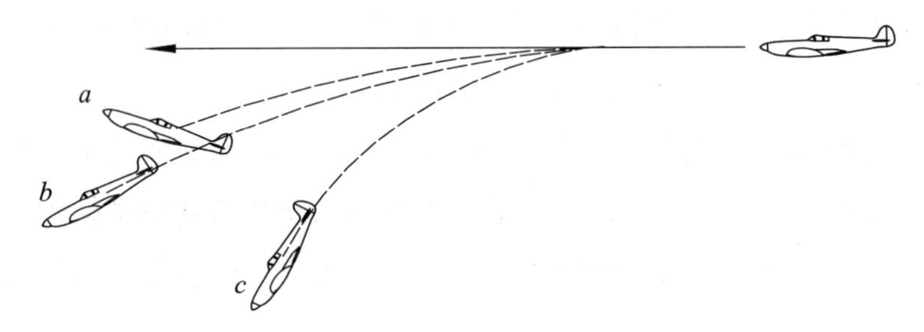

图4-9　飞机减速后可能的姿态

（2）侧推力：将飞机引擎全开后于上空微调成水平直线飞行，从正前方往头顶飞，此时突然将引擎关至怠速，飞机减速后可能的方向示意图如图4-10所示，*a*表示侧推力过大，*b*表示侧推力正确，*c*表示侧推力过小。当引擎侧推力过大，飞机直线飞行时，为平衡过大的侧推力，方向舵或副翼会被调成右偏左；当引擎关至怠速时，侧推力消失，方向舵或副翼就把飞机往左偏，反之亦然。

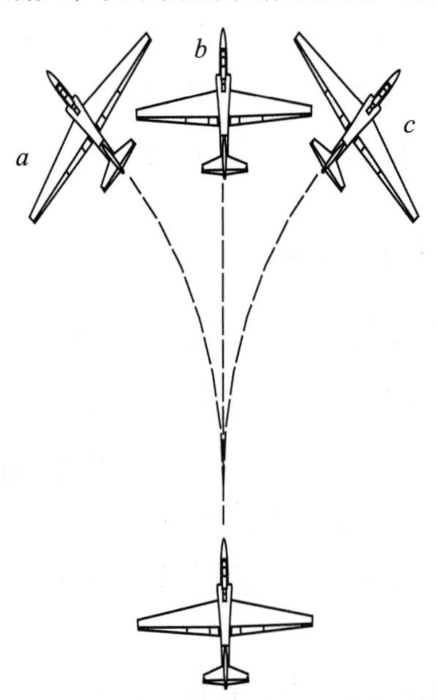

图4-10　飞机减速后可能方向示意图

4.7.4 多引擎飞机

多引擎飞机是很多人喜爱但不敢涉足的领域，多引擎飞机大多是像真机，像真机示意图如图4-11所示。多引擎飞机因引擎不在机身轴线而在离机身颇远的机翼上，推力线需特殊考量。当两边推力不同时，飞机即产生偏航，严重的是当其中一颗引擎熄火时，如不立刻处理，飞机就立即回旋下坠。

图4-11 像真机示意图

多引擎飞机一般右边引擎推力线偏右，左边引擎推力线偏左。如果左边引擎熄火，右边引擎推力及反扭力会使飞机往左偏，所以右边引擎推力线偏右以抵消飞机向左的倾向；同样如果右边引擎熄火，左边引擎推力会使飞机往右偏，所以左边引擎推力线偏左以抵消向右的倾向。

因引擎轴线与机身轴线的距离产生的扭矩远大于引擎的反扭力，所以当其中一边引擎熄火时，想依靠引擎偏角使飞机保持直线飞行是不切实际的，此时应将引擎关至怠速迅速降落。如果距离太远不能进场，应在可维持直线飞行范围内将尚未熄火的引擎慢慢加速，再配合方向舵的使用，以增加滑翔距离。一般在引擎60%～70%时，光靠垂直尾翼及方向舵尚可维持飞行，所以多引擎飞机垂直尾翼有必要稍微放大。

4.7.5 后置引擎飞机

有些像真喷射机没采用导风扇或涡轮引擎，它的引擎一般是放在机身后面的，此时应该用反桨，不要直接把正桨拿来倒装，那样推力方向还是不对的。这种后置引擎的配置推力线要装得特别准，哪怕差一点点，要保持平飞就很难了。后置引擎的推力线应尽量与机身轴线重合，如果引擎背在机尾上不与机身轴线重合，推力与重心的高低差会使高速时低头（否则低速时就会抬头），此时应将引擎调整为有下推力，以抑制高速抬头的力矩。这里说的下推力是以推力线为准的，因引擎朝后所以螺旋桨气流是朝上吹的。

有些人在遥控滑翔机重心上方备一个引擎提供上升动力，这是因为引擎离轴线太远，无论如何也无法平衡引擎推力造成的力矩，只有把引擎装成有点上推力以尽快爬高，然后引擎熄火才开始滑翔。

4.7.6　地面效应

运动物体贴近地面运动，地面会产生对物体的空气动力干扰。

当飞机靠近地面约一个翼展高度时，诱导阻力产生下洗气流，由牛顿第三定律可知飞机得到一个向上的力，另外诱导阻力被地面阻隔无法发展，所以当飞机接近地面时，诱导阻力减小，翼尖升力增大，可延长滑行距离，这种效果叫地面效应。越接近地面该效应越明显，原本飞机滑降线将低于产生地面效应时飞机的滑降线。

本章小结

螺旋桨螺距应该与发动机参数相匹配。螺距过大时，将增加螺旋桨表面失速，螺距过小时，将减小发动机的效率。

发动机应以适应飞机为原则，推力不宜过大。螺旋桨应尽可能与发动机搭配。

发动机越大时，其向下偏转角度应越大，以抵消上浮力。

诱导阻力被地面阻隔无法发展，所以当飞机接近地面时诱导阻力减小，翼尖升力增大。在诱导阻力与下洗气流的共同作用下，飞机的滑翔距离增大，这种效应为地面效应。

习题

（1）试想螺旋桨各处的推力是如何表现的？

（2）根据本章所述，同功率下什么桨效率最高？

（3）根据本章所述，阐述螺旋桨角度对不同海拔高度起飞的飞机的影响。

（4）若有飞行器需飞到平流层，试想应选择何种发动机引擎？为什么？

（5）在高海拔地区，导风扇发动机是否适用于大型飞行器起飞？

第5章　航模的制作

5.1　制作工具的准备

一个新入门的航模爱好者，最先遇到的问题可能就是：做航模需要一些什么工具呢？什么工具是既省钱又好用的呢？本章列举了以下几种工具，希望对读者有所帮助。

（1）模型剪/钳。其刃口由高强度金属制成且呈斜口（也称斜口钳），是将模型零件从板子上取下的工具，由于是斜口的，所以不会损坏零件。常见模型剪如图5-1所示。

图5-1　常见模型剪

（2）笔刀。将零件剪下后，要将零件上多余的流道削去，就要用到笔刀。在这里要提醒初学者，由于笔刀很锋利，使用笔刀时，刀口不要朝向自己，以免造成伤害。

（3）锉刀。零件取下之后，还要进行打磨，这时就需要锉刀。锉刀可以分为钻石粉锉刀（表面附有钻石粉）和螺纹锉刀两种。前者很适合打磨塑料，后者可以打磨蚀刻片。建议购买有各种形状的套装，清理锉刀时，用废旧的牙刷刷几下即可。

（4）砂纸。经过锉刀的粗打磨后，就要使用砂纸进行细加工。砂纸有各种号数，号数越大就越细，建议购买800目，1 000目和1 200目水砂纸，在五金店均有售。

（5）胶水。零件打磨完毕以后，就要使用专门的模型胶水进行黏结，如溜缝胶水。它的流动性相当好，而且黏结强度适中，最重要的是它具有“渗”的作用，这样就避免了由于胶水涂太多而溢出损坏零件。

（6）补土。一些模型由于开模的原因，在组合后会产生缝隙，这时就需要使用补土来填补。补土有很多种类，如水补土、牙膏状补土、AB补土、保丽补土和红补土等。根据补土的功能不同，可以分为：①填补类——牙膏状补土；

②塑型类——AB补土、保丽补土和红补土等；③表面处理类——水补土。

以上几种就是模型制作中最基础的工具（不包括涂装工具），对于初学者来说这仅仅是踏向航模制作之路的第一步，使用好这些工具，是航模制作的基本功，也是成为高手的必经之路。

5.2 制作模型

5.2.1 KT板机

下述以KT板机F15为例，如图5-2所示，向读者展示简单航模的制作过程。

图5-2 KT板机F15

（1）工具：美工刀、尺子、绘图笔、150px宽胶带、热熔胶枪、热熔胶棒。

（2）材料：3 mmKT板或珍珠板、名片卡纸、椴木棒10 mm × 10 mm、两根碳纤维杆3.0 mm × 889 mm，钢丝0.8 mm × 305 mm。

（3）制作方法：KT板机F15制作结构如图5-3所示。

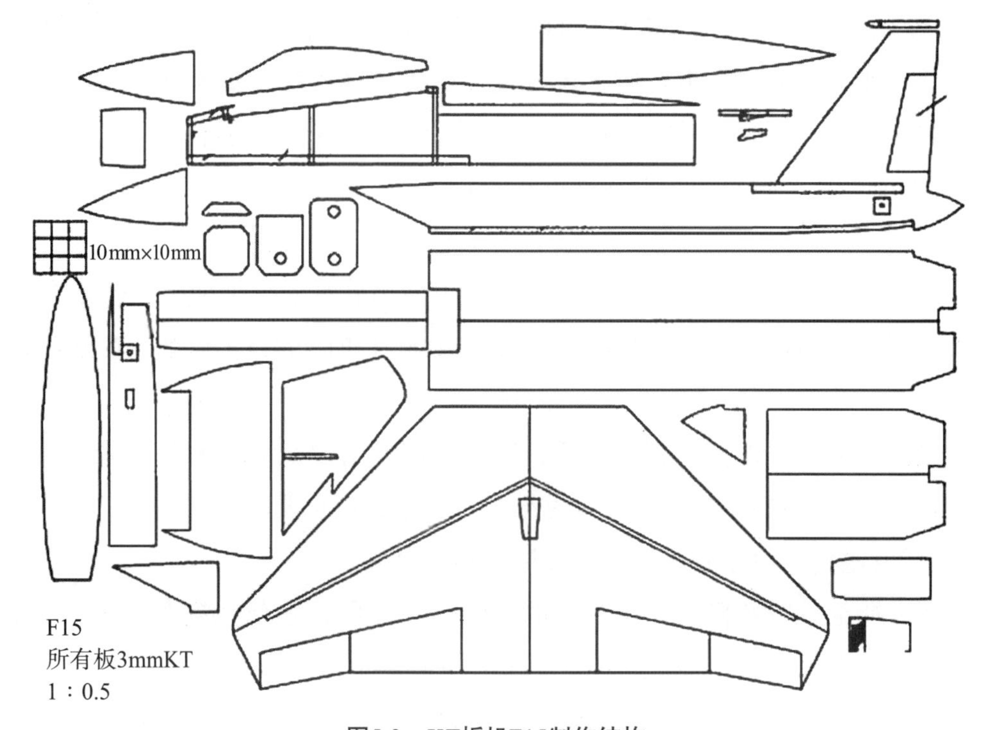

图5-3 KT板机F15制作结构

1）在一张3 mm厚度的KT板上，按图5-3的图纸的尺寸绘制出图形或直接用图纸绘出图形，比例作图如图5-4所示。

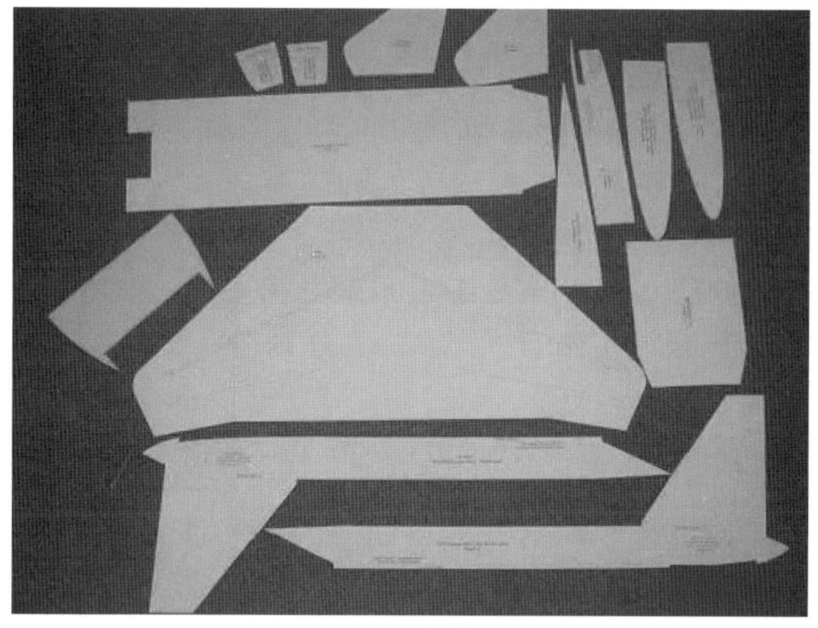

图5-4　比例作图

美工刀和尺子配合，把绘制的机身和水平尾翼裁剪下来，裁剪部分要整齐，以节约材料。

2）机身制作。开始装配前机身。机身制作如图5-5所示。按所示位置将三角巴莎木条左右两侧部分用泡沫胶黏结，胶水干后，将3个机身舱壁隔板黏结在机身所示位置，确保它们是垂直的。

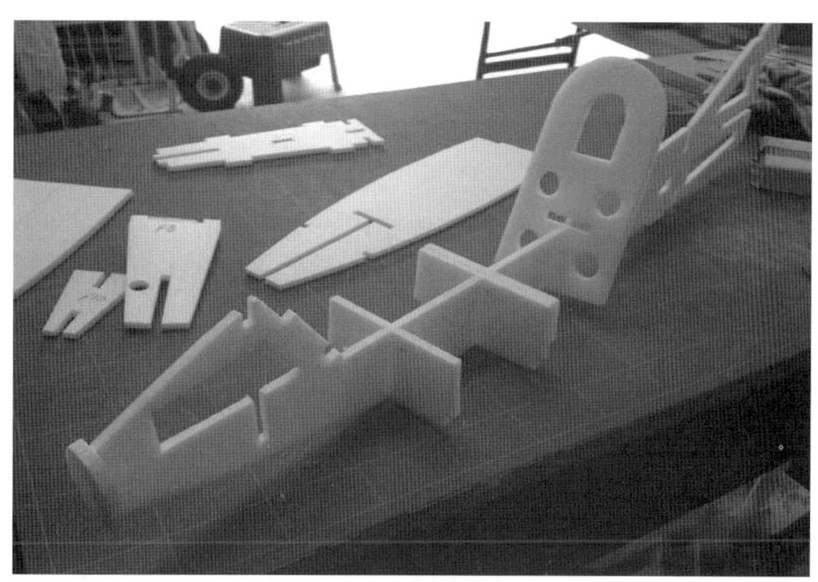

图5-5　机身制作

按同样的方法把机身的另一侧黏结在一起，必须保证垂直，把机身底部前端黏结上。

3）机头制作。把11个6 mmKT板叠加在一起，用泡沫胶黏结，等胶干后和前机身头锥顶用热熔胶黏结。胶干了以后，按机鼻的顶视图的形状切割，然后开始用粗砂纸（100目）打磨毛坯的基本的形状，再用一个细砂纸（220目）打磨。最后用320目砂纸做最后的抛光打磨，确保其表面光滑。

4）机舱盖制作。把11个6 mmKT板叠加在一起用泡沫胶黏结；等胶干后，按机鼻的顶视图的形状切割；用粗砂纸（100目）打磨毛坯的基本形状，再用一个细砂纸（220目）打磨；用320目砂纸做最后的抛光打磨。机舱盖制作毛坯基本形状如图5-6所示。

图5-6　机舱盖制作毛坯

5）按图5-5所示位置把三角巴莎木条左右两侧的部分用泡沫胶黏结好，在机身上盖支持条。

6）在机身下底板画一条中线，然后用热熔胶把机身两个侧壁黏结上，保证机身和侧壁垂直。

7）安装前、后机身组件，把它们连接在一起。画一个在前机身底部的中心线标记，与后机身件中心线标记对齐。用泡沫胶把前机身底部的边缘面和前机身两侧后端黏结在一起。确保对齐。

8）把两个相同的固定电机的KT板支架用泡沫胶黏结在一起。胶水干后，再将椴木和固定电机板固定在一起，将胶合板平尾支撑件黏结在机身两侧面和电机KT板支撑架两侧。

9）将水平尾翼的前缘和后缘用细砂纸（220目）打磨成锥形轮廓；然后用泡沫胶把左尾翼和右翼黏结到碳杆上；保证左、右水平尾翼一致，与垂直尾翼垂直。两个相同固定电机KT板支架模型如图5-7所示。

10）安装气流入口两个部件。先用泡沫胶黏结一个，等干后再黏结另一个；另一侧的方法相同。气流入口两个部件安装如图5-8所示。

图5-7　KT板支架模型

图5-8　气流入口两个部件安装

11）机翼安装。把机翼的前缘和后缘用砂纸打磨成锥形，再把机翼固定的梁切割成V形以适合碳纤维管；在机翼V形下面用胶带黏上，防止泡沫胶或热熔胶流到桌子上；用热熔胶把碳纤维和机翼固定，再用胶合板把碳纤维管相交点黏结牢固。

12）把机翼的前部和后部黏结在机身上，保证机翼中线和机身的中线重合，机翼与机身垂直。机翼与机身垂直示意图如图5-9所示。

13）安装机身后部，注意上部分轮廓应弯曲（可以用热风机加热成型）；用热熔胶将其固定。安装机身后部如图5-10所示。

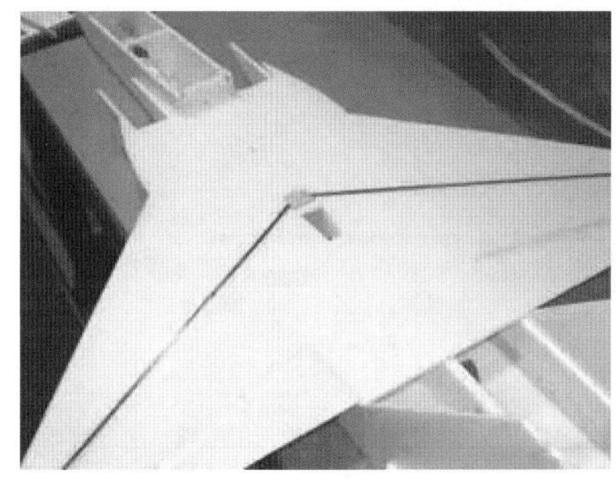

图5-9　机翼与机身垂直

图5-10　安装机身后部

14）安装机翼前部进气口上盖。

15）安装机翼上甲板，保证机翼甲板与机翼垂直，然后黏结甲板盖。用砂纸打磨光滑。安装机翼上甲板如图5-11所示。

16）甲板起配重、装饰作用，如果电池比较重可以加入它来配重（用其他方式配重也可以）。用砂纸将其打磨成流线型，用泡沫胶黏结。流线型安装机如图5-12所示。

图5-11　安装机翼上甲板　　图5-12　流线形安装机

17）制作完成。最终完成的安装机如图5-13所示。

图5-13　最终完成的安装机

5.2.2　塞斯纳

（1）图纸的处理。首先在电脑上用photoshop图像处理软件设计好图纸，并设计出自己喜爱的涂装方案。图纸一般根据KT板的宽度设计成90 cm。图纸设计如图5-14所示。若按图5-14方式摆放零件，图纸长度为142 cm，飞机的翼展为1.3 m。设计好的图纸需先用打印机打印出来，用普通厚纸制作一个纸模型以验证图纸的精度，并根据制作的纸模型对图纸做进一步的修改。修改好图纸后，打印成KT写真膜。

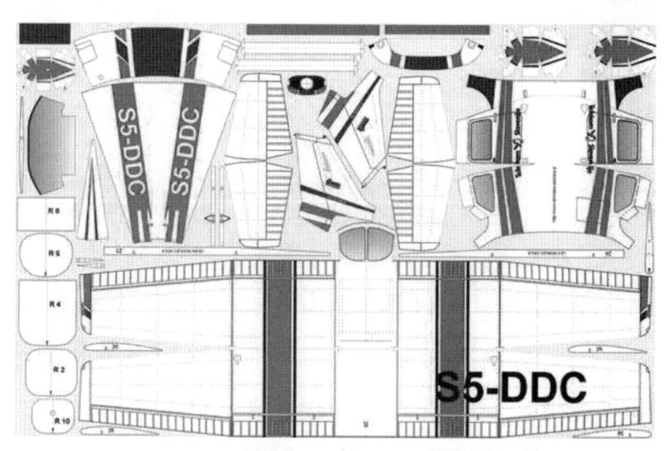

图5-14　图纸设计

（2）KT写真膜与KT板的粘贴。KT写真膜有3层，最上面是防水层，中间是图案层，背面有背胶与薄膜层，将背面薄膜撕下便可将写真膜贴在KT板上。粘贴时要边撕边粘，切不可将整个背膜都揭下后再贴。粘贴前将零件沿轮廓线外缘剪下，粘在KT板上后，再用小美工刀小心精确裁切。裁剪过程如图5-15所示。

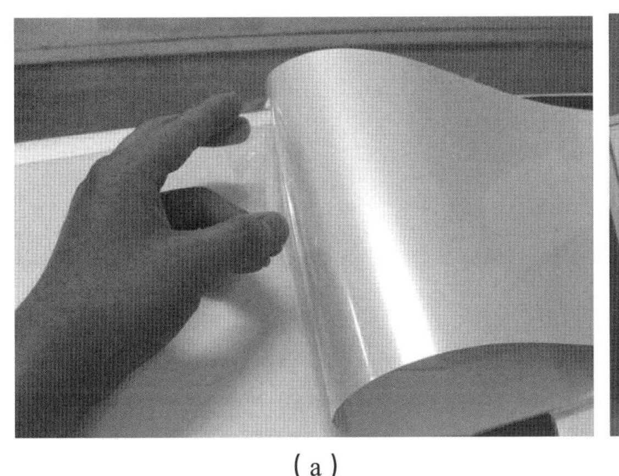

（a）

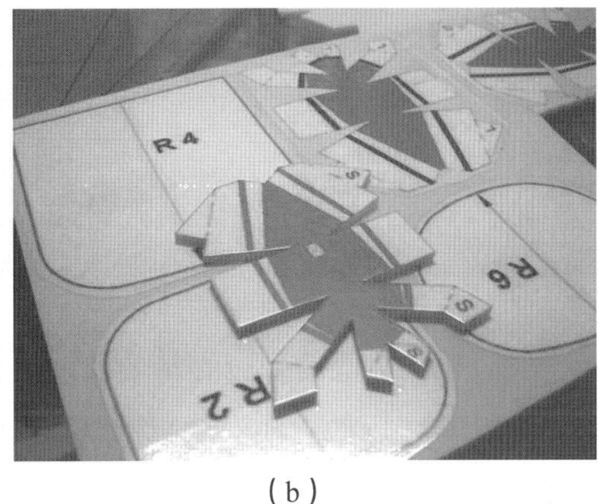

（b）

图5-15　裁剪过程

（3）机身的制作。裁剪下来的零件要根据机身外形卷曲成各种形状。卷曲前需在KT板背面用铅笔划线，以形成折痕，线的间隔越短，外观越平滑。机身剖面如图5-16所示。机身剖面使用隔板定型，将隔板边缘和机身边缘都削成45°斜口，以便准确黏结。机身隔板定型如图5-17所示。

图5-16　机身剖面

图5-17　机身隔板定型

机身座舱部位的卷曲较为复杂，划线折痕如图5-18和图5-19所示。折痕位置的确定：①基于前期用纸做的小模型；②基于机身隔板的形状，机身处在隔板曲线部分需画折痕，直线部位不需要。图5-19所示为黏结好的机身座舱部位，所有的接缝处都先用泡沫胶及不腐蚀KT板黏结，然后用透明胶带在外壳接缝外再黏一层。

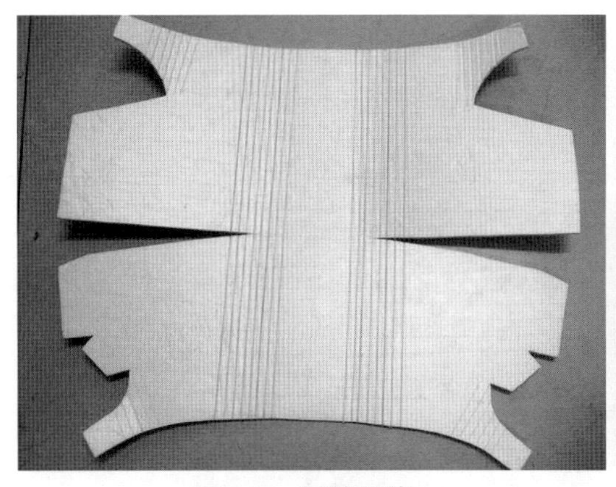

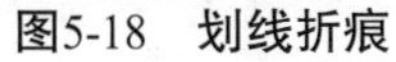

图5-18　划线折痕

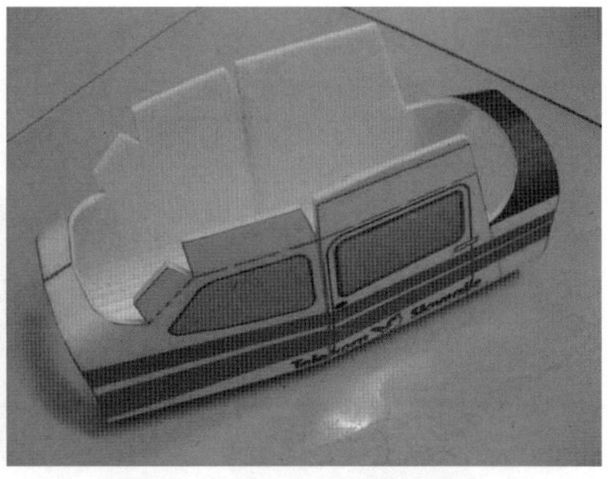

图5-19　机身座舱划线折痕

在将机头和座舱部位黏结之前，用电器包装泡沫雕刻一块和机头内部形状吻合的泡沫块，以便后面安装电机座和电池盒。机身各段卷好后，黏结隔板定型，隔板需复制一份，黏结在一起的机身前段和后段都要用隔板定型。等电机电池装好后，再黏结机头最前那一小段，如图5-20所示。

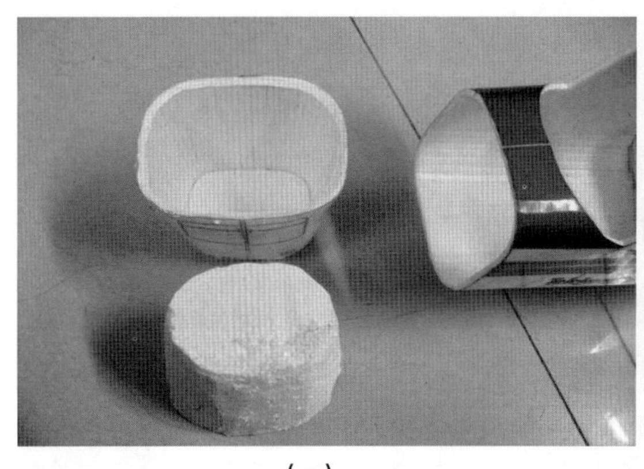

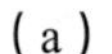

（a）

（b）

图5-20　机身座舱划线黏结

（4）机翼的制作。机翼贴膜后仍然要在背面画折痕，根据翼肋的形状，弯曲严重的地方折痕深且间隔短。机翼下侧如图5-21所示。

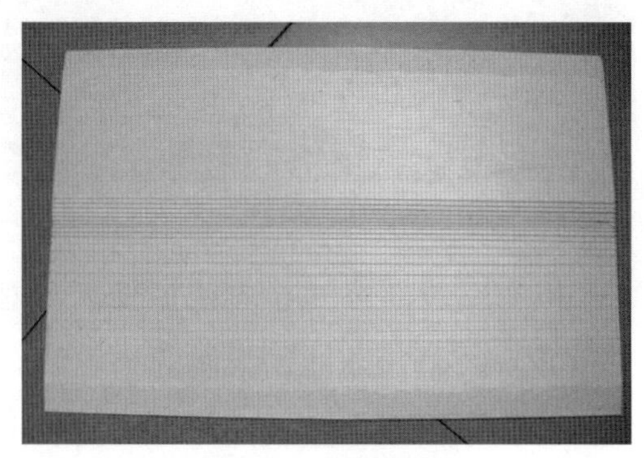

图5-21　机翼下侧

图5-21中上半部分是机翼的下部，下半部分折痕较多的是机翼的上部。为了让机翼的后缘比较尖锐，需用美工刀把

上下机翼的后缘削薄，削的时候用玻璃茶几和钢尺限位就不会多削或少削。在裁切翼肋的时候，要扣除KT板的厚度，在机翼一端和机翼上、下面配合好后定型，再复制13份等距粘贴在机翼的内下部。黏结翼肋过程如图5-22所示。

黏结翼肋中间时，如图5-22～图5-24所示，先黏翼肋下面，后黏翼肋前缘的下部，在翼肋和机翼上都要涂上泡沫胶，快干后按压在一起。翼肋中间的孔洞是用来穿插加强机翼的长为1 m、直径为4 mm的中空碳纤杆的。将翼肋上面和机翼内上面翼肋黏结位置都涂胶，上、下机翼面合并时需放在平整的玻璃茶几上，对齐边缘粘贴防止机翼扭曲变形。副翼舵机需用Y线（Y形连接线）控制，Y线可用电脑数据线或网线内芯自己焊接，其原理如图5-25所示。Y线两端要留够长度，插头由机翼中间穿出，如图5-26～图5-28所示。

机翼外段为梯形，为方便只将翼肋的关键高度垫撑3条KT板，由翼肋处到翼尖厚度逐渐降低。完成后的外段机翼穿插Y线到舵机位置后，就可以黏结到机翼中段了，接缝处要多贴几层透明胶带以增加强度。机翼结构示意图如图5-29所示。

图5-22　黏结侧边翼肋图

图5-23　黏结翼肋前侧图

图5-24　黏结翼肋中间

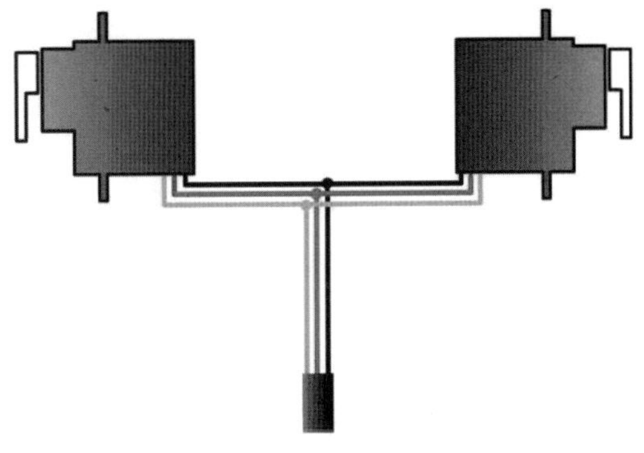
图5-25　Y线控制原理示意图

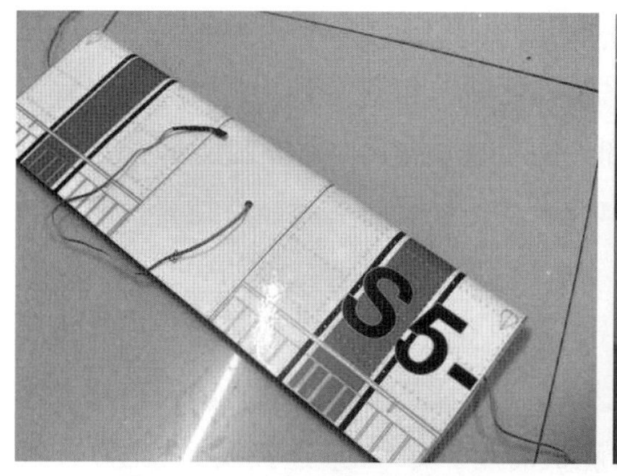

图5-26　用Y线控制的副翼舵机

图5-27　Y线焊接过程

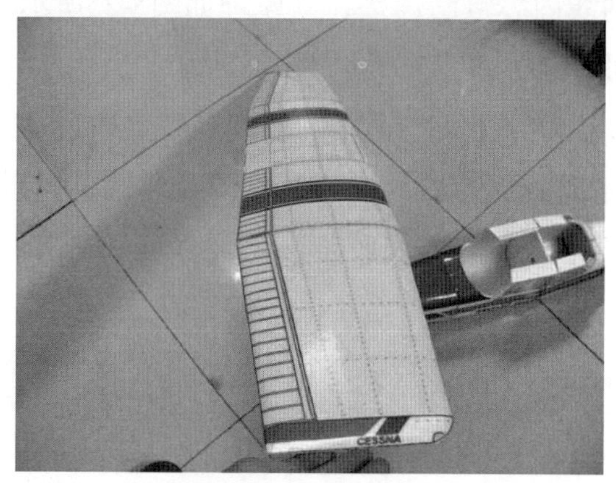

图5-28　机翼中间焊接

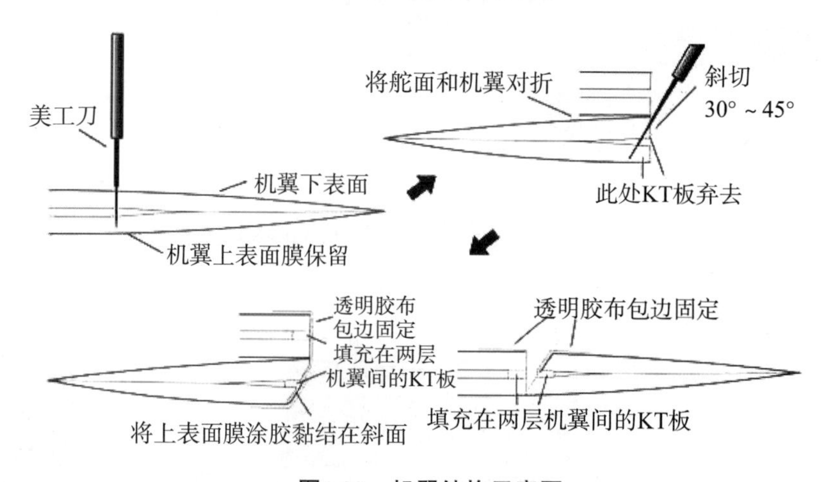

图5-29　机翼结构示意图

机翼完工后，在机翼外段加工副翼，副翼的切割加工过程如图5-29所示。副翼舵角采用商品舵角，用适当长度钢丝连接舵角和舵机摇臂（见图5-30），舵机压入后，将原先切割下来的机翼蒙皮用透明胶布覆盖在舵机安装面。在舵机摇臂位置开长孔，使其转动灵活，如图5-31所示。

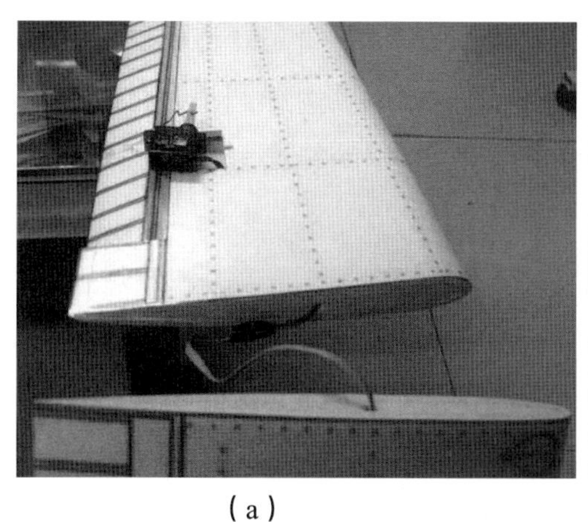

（a）

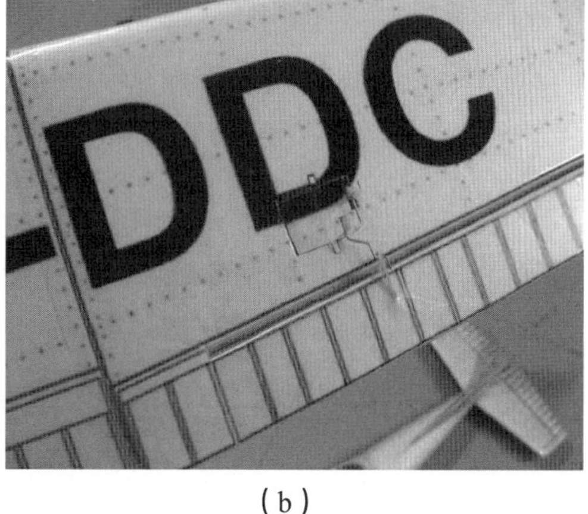

（b）

图5-30　舵角和舵机摇臂

（a）副翼舵角；（b）舵机摇臂位置

图5-31　舵机摇臂开长孔

（5）尾翼的制作。水平尾翼上下面贴膜后沿边线裁切。然后将前缘后缘削薄等待粘贴，削切面积如图5-32所示。在水平尾翼前部中间夹黏4片布条做铰链。水平尾翼的两侧舵面的中间夹黏W形钢丝，以确保两侧舵面转动一致。尾翼效果如图5-33所示。

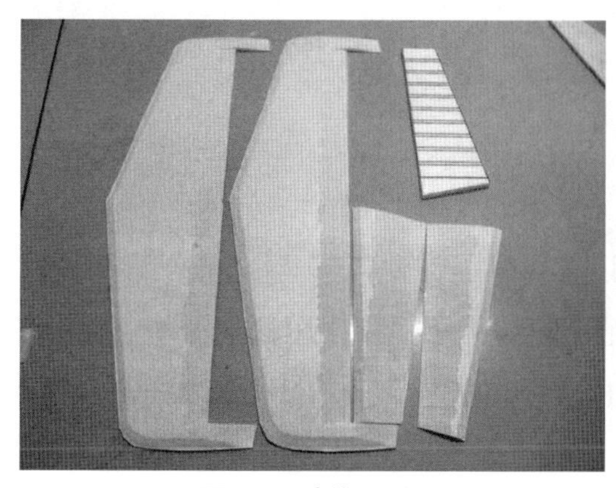

图5-32　削切面积

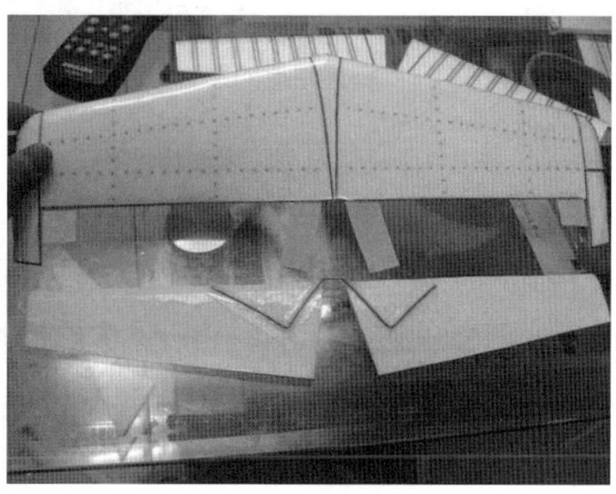

图5-33　尾翼效果

水平尾翼边缘用透明胶布黏结，如图5-34所示，在一面黏好透明胶带，用拇指将两面压紧的同时把胶带黏到另一面。这样做出的尾翼边缘圆滑、外形美观。水平尾翼完成后的效果如图5-35所示。水平尾翼在机尾的插槽参见图纸，开槽时要确保尾翼水平，并和主机翼保持平行。

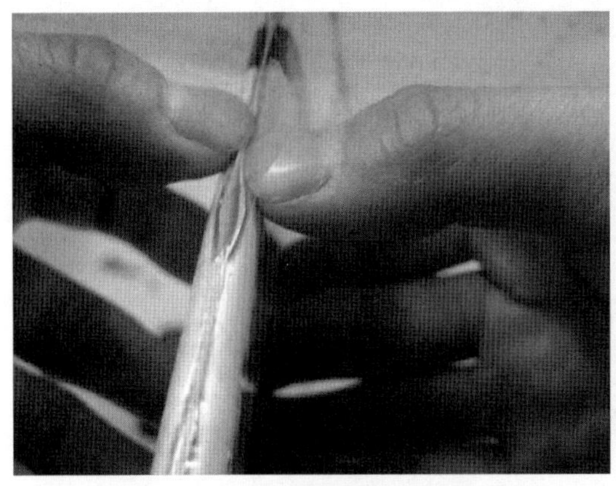

图5-34　尾翼制作过程

图5-35　水平尾翼完成效果

垂直尾翼的零件如图5-36所示，也需削薄边缘并加铰链。先把垂尾前部直接黏结在机尾上部，然后将舵面前缘用泡沫胶黏好，用透明胶带包裹前缘后再合并。最终完成效果如图5-37所示。

图5-36　垂直尾翼的零件

图5-37　最终完成效果

（6）设备仓及起落架的构造和强化。主起落架使用雨伞的粗钢丝制作。用3层2 mm的桐木片制作起落架座，在中间一层木片开槽固定钢丝，粘贴在R4隔板上，如图5-38所示。可以在R4隔板前后粘贴起缓冲和强化作用的泡沫块。由于舱侧面要支撑机翼，所以需用形状符合的KT板再黏一层以增加强度，如图5-39所示。

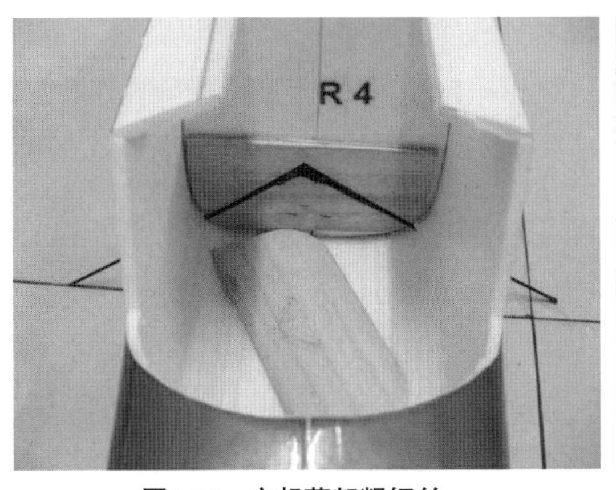

图5-38　主起落架粗钢丝

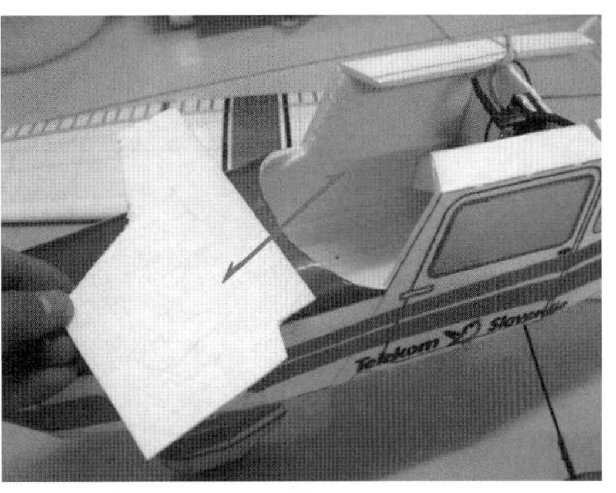

图5-39　座舵侧面

因要安装前起落架电池电机等，在第二段机头部位填充整块泡沫。在下部挖一孔以通过电机电线，此孔可适当开大些，以便螺旋桨将冷空气鼓入电池盒以冷却电池。在前起落架前垂直机身位置再挖一电池仓，并用2 mm木片制作电池盒，用胶黏在泡沫仓中，在电池盒口黏结魔术贴以便取放固定电池，如图5-40所示。电池舱的位置由飞机的重心决定，也可根据自己制作的飞机实际情况调整。

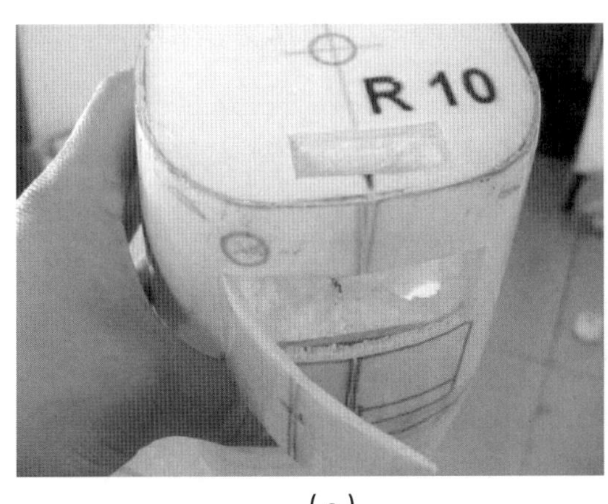

（a）

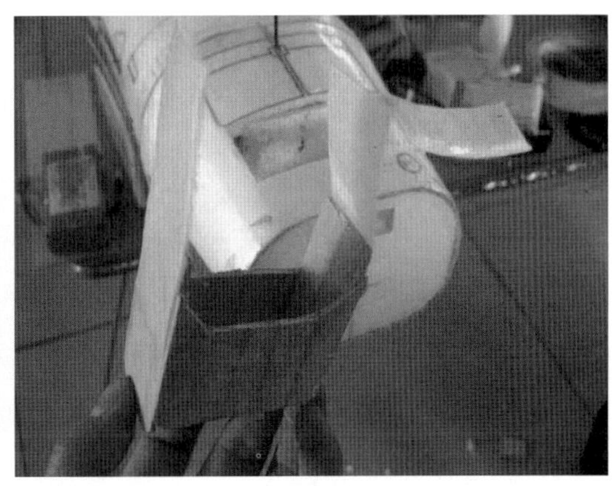

（b）

图5-40　电池盒黏入泡沫仓

前起落架座也需固定于此块泡沫中。起落架钢丝由雨伞钢丝制作，将上部折成L形并用2 mm木片固定，以防止起落架偏转，做出图5-41的十字形结构。在泡沫上开槽，再在木片上涂泡沫胶后压入。

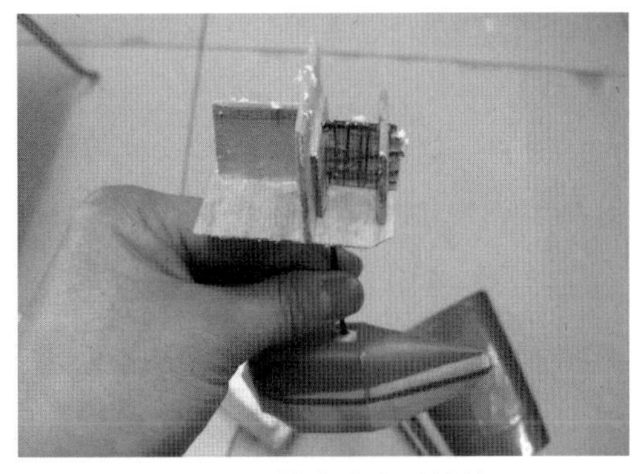
图5-41　做出十字形结构

电机座使用双层2 mm木片制作，用泡沫胶黏结在机身隔板上即可。完成的机身结构效果如图5-42所示。完成的机翼结构效果如图5-43所示。

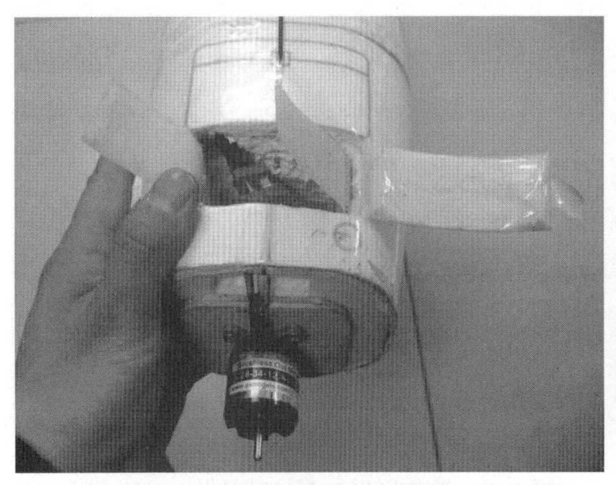

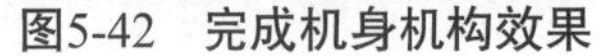

图5-42　完成机身机构效果

图5-43　完成的机翼结构效果

起落架的整流罩部位零件比较小，在折叠粘贴的时候需要将接缝处的KT板适当削切以使表面KT写真膜吻合，不露出白色的KT板。为了固定起落架整流罩，在起落架钢丝外部制作一个三角形钢丝框，然后用泡沫胶和透明胶带将整流罩固定于框架上。三角形钢丝框如图5-44所示。起落架结构如图5-45所示。

图5-44　三角形钢丝框

图5-45　起落架结构

为了维修方便，将机翼做成可拆卸形式，将座舱改造成机翼平台，加横向隔板，用小块KT板垫平，并用KT写真膜包裹，机翼和座舱之间用魔术贴粘贴（见图5-46），再在前、后挡风玻璃处用透明胶带将机翼固定在座舱上。前挡风玻璃用KT板做成前凸的盒状，上端与机翼前缘相吻合。KT板前凸盒状整体如图5-47所示，上端与机翼前缘吻合后局部如图5-48所示。

图5-46　机翼和座舱魔术贴

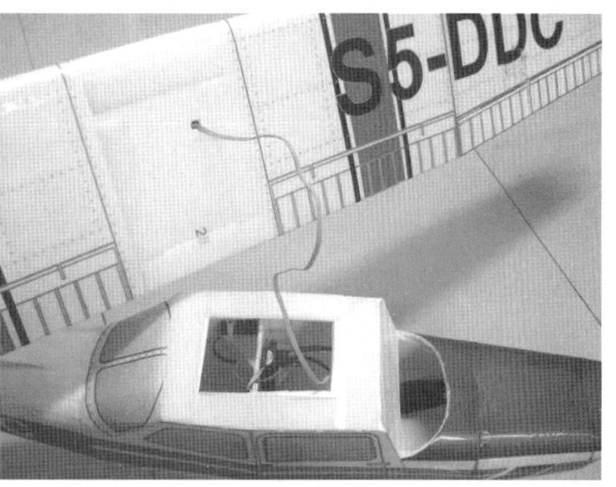

图5-47　KT板前凸盒状整体

图5-48　上端与机翼前缘吻合后局部

接收机通过双面胶黏结在座舱隔板上，如图5-49所示。将升降舵和方向舵舵机用泡沫胶黏结在座舱侧面，并在周围用泡沫块限位，舵机拉杆可用碳纤杆或竹条与钢丝制作，从水平尾翼上方穿出，将机身穿孔适当扩大以确保拉杆灵活。舵角使用成品塑料舵角。左侧、右侧升降舵拉杆对比如图5-50所示。左侧为尚未装好的方向舵拉杆，右侧为已连好舵角的升降舵拉杆。

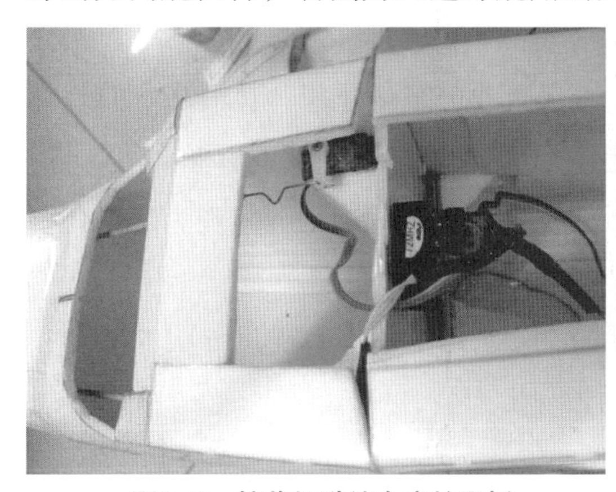

图5-49　接收机黏结在座舱隔板

图5-50　左侧、右侧升降舵拉杆对比

最后为机翼安装机翼撑杆，由于机翼已经加强，撑杆无需用力，只要用KT写真膜包裹木片或竹条黏结在机翼和机身之间便可。

该机翼展有1.3 m，飞机的动力可选择2830或2217等型号的拉力较大的无刷电机。桨使用1047或1147成品塑料桨。电调使用30A无刷电调。舵机使用普通舵机。至此1架赛斯纳航模便制作完成了。

（7）涂装。前文已经介绍了航模制作中要使用到的基本工具，航模制作完毕后，就需要涂装上色，现在介绍涂装所需要使用的基础工具。

1）笔。笔在各大美术用品商店均有出售（分为不同号数）。建议购买动物毛制成的，笔毛柔软有弹性；水粉画用笔也可以。笔使用完毕后可以用香蕉水（也叫天拿水）清洗。

2）涂料皿。盛放涂料的工具市面上有很多，也可以用家里盛调料的小碟子。

3）调漆棒。不锈钢材质的小棒，是调色的基本用具。舀漆以及搅拌的工具，用小勺控制舀出的漆量，可以精确调色。

4）模型漆。模型漆是模型涂装的必要材料，市面上常见的模型漆有多种，其中分为：①硝基漆；②水性漆；③油性漆；④珐琅漆。一般建议初学者使用硝基漆。

5）溶剂。根据漆质的不同，溶剂的选择也不同。

6）其他。

口罩：油漆有毒，应进行适当的防护，口罩是最基本的用品。

手套：手上不小心沾到涂料，再去拿别的零件，将会造成污染，为了避免这种情况出现，应准备一副手套。

空瓶：有时候调出的颜色太少或太多，再调恐有色差，倒掉又有点可惜，这时可以将用光的涂料瓶清洗干净使用。

（8）清理和干扫。模型上色完毕后，就要进行旧化处理，其最基本的步骤就是清理和干扫。清理和干扫的作用都是一样的，即体现模型的立体感。

清理是做出大范围的视觉效果，而干扫是做出小范围的细节体现。现在介绍如何进行清理和干扫以及所需要的工具。

何谓清理呢?可以把刚上好色的模型看一看，是不是没有棱角分明的感觉?清理就是利用特殊的方法将模型的凹凸感表现出来。

清理需要使用的工具有以下几种。

1）油画颜料：在美术用品店里均有售，所需的颜色有象牙黑以及褐色。可以购买大容量单装包，可以用于多个模型。

2）煤油/打火机油：要溶解油画颜料，就必须使用特殊的溶剂，一般常用的是煤油和打火机油。煤油由于挥发慢，一般洗后要过很久才可以擦，所以现在用得不多。使用最广泛的就是打火机油。在这里特别要提醒的是，千万不要使用一种叫松节油的溶剂，气味非常难闻，而且它会将底漆也一起溶解，即使喷了一遍消光剂也无济于事。

3）笔：随便拿一支毛笔/平笔，笔毛要软一点的，但要注意笔不能掉毛。

4）棉布，棉签。用来擦拭的东西，最好是棉质的。棉签可用来擦棉布擦不到的“死角”。

清理的步骤：

将油画颜料和油以1：3的比例稀释（注意要充分搅匀），然后用笔均匀地涂在模型上，静置10～15 min，最后用棉布以及棉签擦干净即可。

要提醒的是：擦的时候不要太过用力，特别是有棱角的地方，以免擦掉漆层；有时候时间掌握得不好，油画颜料已经干了，不要硬擦，用棉签蘸一点点油轻轻擦即可；可以多清理几遍来增强效果，切忌求快而使油画颜料过浓。

干扫就是将很“干”的油漆扫在模型上，以体现棱角明暗变化和细小的凹凸，可以做掉漆、磨损以及金属质感。

干扫需要使用的工具有以下几种。

1）笔。干扫对笔的要求是相当严格的，这里介绍一下笔者的选购经验：笔毛最好是兽毛，要求富有弹性，整齐，不掉毛。在挑选的时候可以将笔在自己的手背上刷几下，感觉其是否平顺柔软。笔要多准备几支。

2）漆。干扫用的漆和笔涂、喷涂的要求不一样，干扫用的只是瓶底沉积得很厚的一部分，所以建议单独准备一些漆来干扫。

3）其他。干净的棉布或白纸。

干扫的步骤：将笔沾一些瓶底沉积的油漆，然后在棉布上来回扫几遍，直到基本看不出棉布上有颜色为止。使笔与模型呈45° 角，笔面轻轻接触模型表面，多扫几遍后效果就明显了。

要提醒大家注意的是：要做到“适可而止”，否则效果太夸张会适得其反；要适当掌握扫的力度（力太大会有笔痕，力太小效果不明显）。总之要多练习，直到可以熟练掌握要领。

5.2.3 仓身机的制作

（1）裁剪。根据图纸对各部件进行裁剪，机身裁剪如图5-51所示，机身组装如图5-52所示。

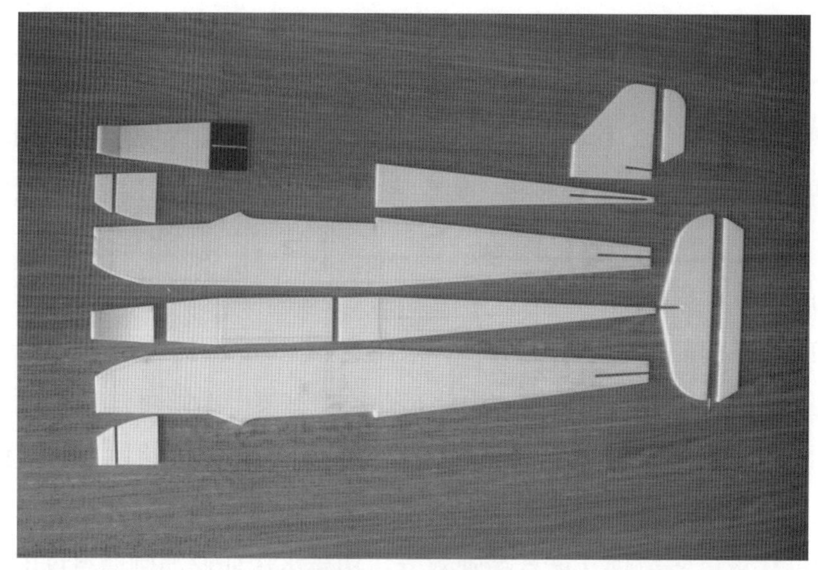

图5-51 机身裁剪

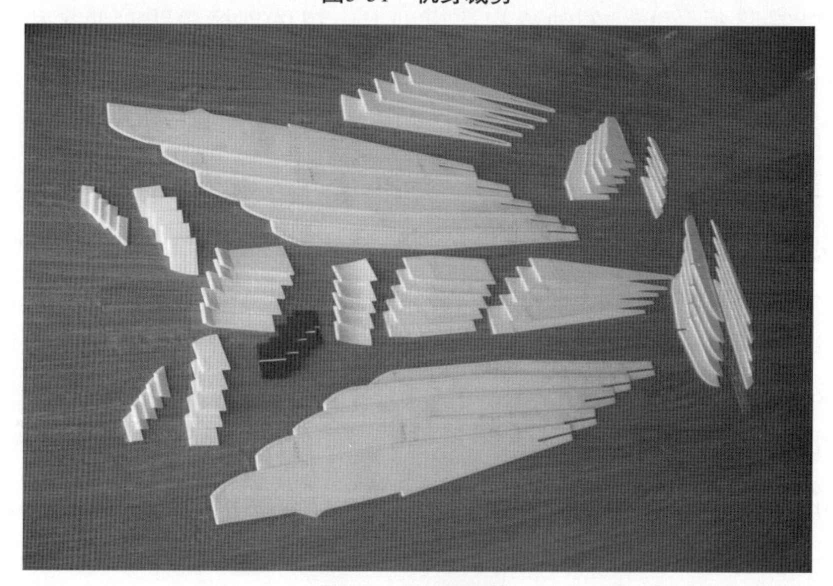

图5-52 机身组装

1）练习机主要是为初学者学习飞行控制之用，故制作时以批量为宜，方便以统一基线（相同的横向和纵向坐标）绘制图纸，尽可能减小部件误差，以达到机体部件互换之效果，同时可最大限度减少板材消耗。

2）为保证对称板材切割后的对称性，切割时可只画出单面图形，以其任一边为底，将板材切开但不切断，对折后按单面图纸一次性切下两侧板材，最后一分为二便可得到最佳的对称性（机身两侧板以水平尾翼也可采用此法）。

3）对由规则图形组合而成的板材（一般为矩形加梯形），为减少板材消耗和制作难度，可分拆成单独的规则图形分别裁切，然后再黏结组合。

4）对部件安装所需之缝、槽等，切割时应尽可能保证边缘垂直度，以减少安装误差（如垂直尾翼、水平尾翼安装槽等）。

5）对切割成型的板材，可用宽2 cm左右的透明胶带将所有边缘封装（包括所有缝、槽等），以获得高强韧度。

（2）各部件注解。

机头部上方盖板：

1）前端翘起部分与中间段为单面黏结，两部分可对向折叠，黑色部分与前部为分离状态，无需连接（中间段在模型完成后可揭开以便拆装电池）。

2）黑色部分为一整体矩形板材，用黑色胶带涂装，中间留部分空隙，以模仿驾驶舱之外观。

3）黑白交接处，可用透明胶带对黏于白色边缘做耳，以便拆装电池时揭开舱盖。机头部上方盖板结构如图5-53所示。

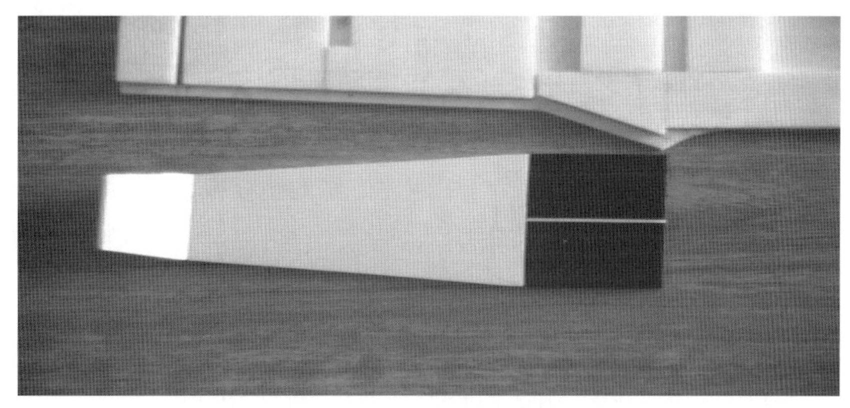

图5-53　机头部上方盖板结构

机头部下方盖板：

1）机头下方弧线无固定标准。

2）下方盖板需横向刻槽以折出弧线效果，槽深以小于1/2板厚为宜，以保证外侧观感光滑。

3）板材需将有塑料薄膜一面向外而纸面向内，方便制作与保持清洁、美观。机头部下方盖板如图5-54所示。

图5-54　机头部下方盖板

（3）尾翼。尾翼结构如图5-55所示。

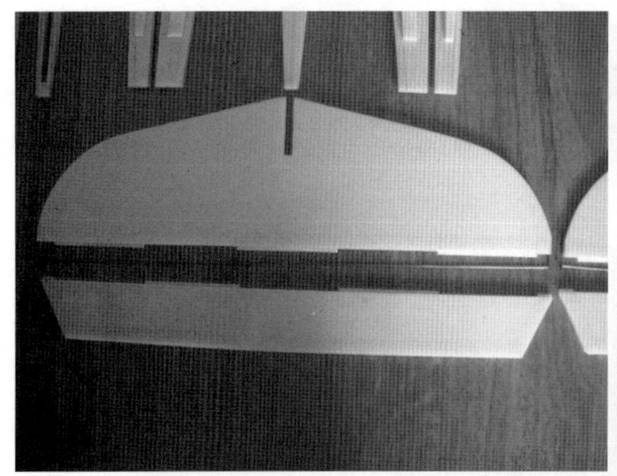

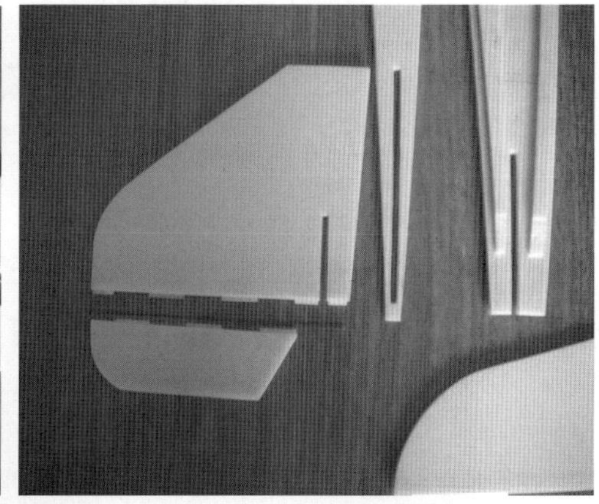

图5-55　尾翼结构

1）为保证水平尾翼两边对称，可用前述方法对折切割，然后伸展并黏结。

2）尾翼安定面与活动舵面之间的连接方法很多，这里使用的是对接管插装法，其优点是方便拆装、咬合准确、运行稳定。

3）塑料管可任意选择，空笔管、卷纸管均可，这里用的是医用塑管棉签，去掉棉花，按自定长度剪断，用透明胶带黏于板材边缘即可。

4）插接件用的是1 mm钢丝。

（4）机舱后部上下盖板。采用同一尺寸切割，上盖板开垂直尾翼安装槽，机身中段矩形下盖板黏合。

5.机舱侧板加工

1）安装设备及结构定位边条、片：在电机安装片、起落架、机身定型隔板以及上下盖板所需限位位置粘贴相应KT片或边条（本书选用双面胶，黏好后再用透明胶带封边，可增加强韧性）。KT片或边条如图5-56所示。

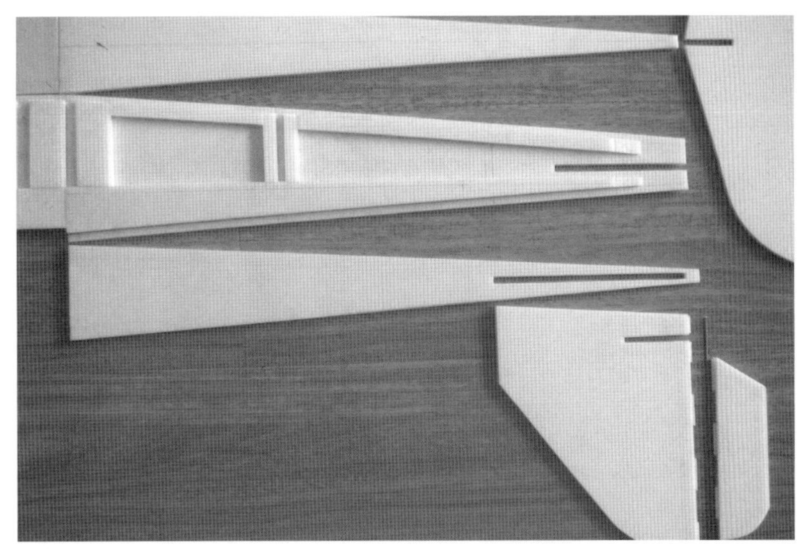

图5-56 KT片或边条

2）在起落架和机翼挂接隔板处用三合板加强，如图5-57所示。

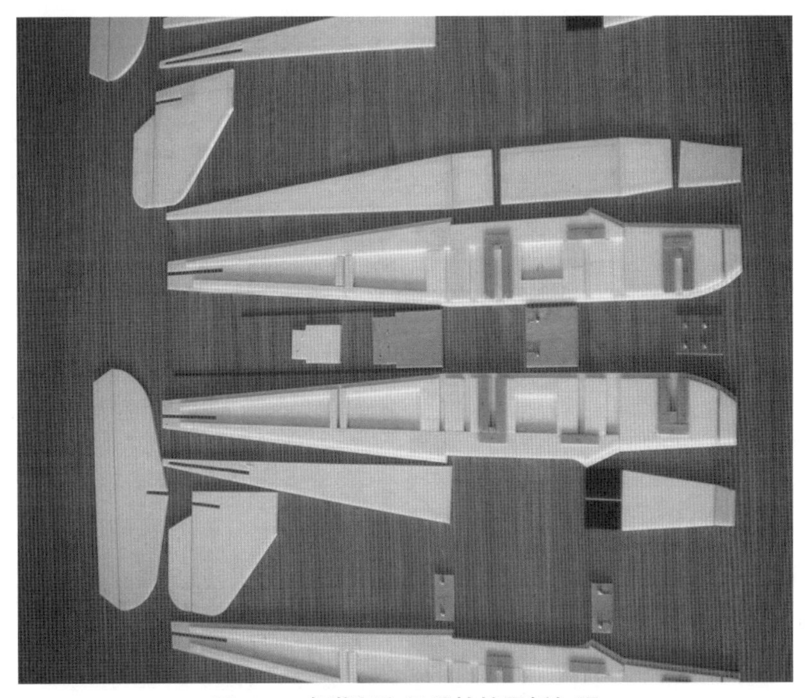

图5-57 起落架和机翼挂接隔板加强

（6）其他配件。电机安装片：单层三合板打眼即成，将电机安装在配套的十字形架上，用螺丝将十字形架与此片连接，电机安装片安装过程如图5-58所示。其优点是制作方便，同时可在十字形架与三合板间按需要加装垫片以调整电机拉力线。

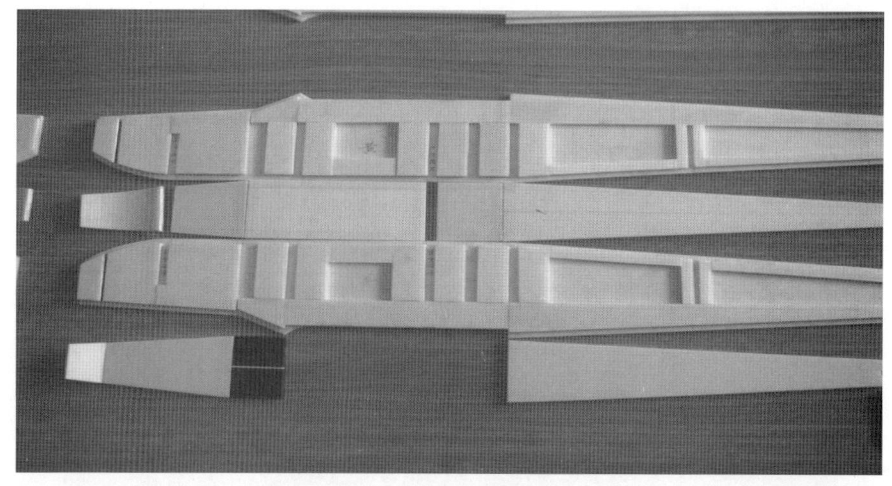

(a)

(b)

(c)

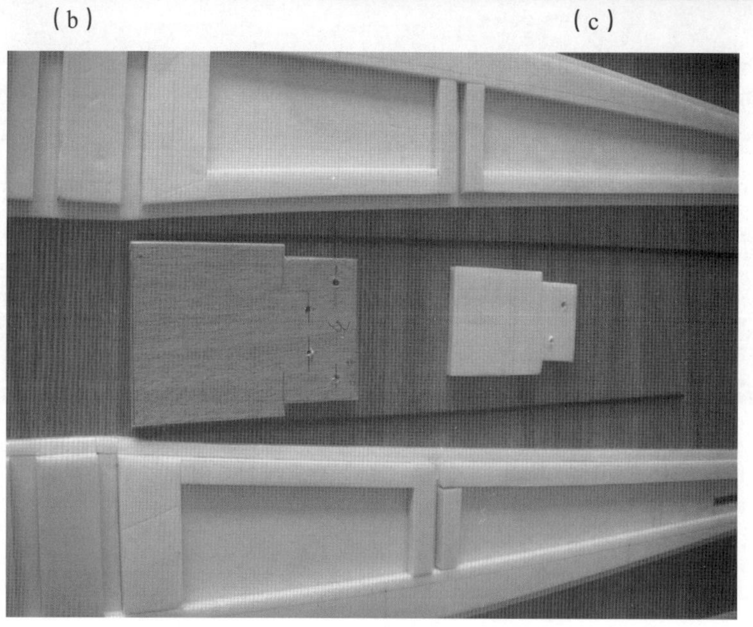

(d)

图5-58　电机安装片安装过程

1）机翼采用平凸翼型，下方与机身连接处加装定位翼台，由三层矩形KT板叠合而成，大小以与机身连接处机舱内侧尺寸为准，卡在机身之中，既可限制机翼位置，又可将外绑式机翼改为内接式，以增加美观度。翼台前后用相应尺寸三合板加固，并加装螺丝及挂钩。后方螺丝插入后隔板上方对应孔洞，前方挂钩与前隔板挂钩绑接。组装步骤拆解展示如图5-59所示。

2）前后隔板由一层三合板加一层KT板组成。前板为螺丝加挂钩，后板上方两孔为螺丝插入孔，稍下两孔为舵机连杆限位管用孔。最右方隔板为机身后部定形隔板，基本不受力，故用单层KT板制成，上有限位管用孔。

图5-59　组装步骤拆解展示

（3）组装。

1）隔板安装。由左向右依次为电机安装片、转向前起落架、机翼前缘安装隔板、主起落架、机翼后缘安装隔板和机身后部定型隔板，如图5-60所示。

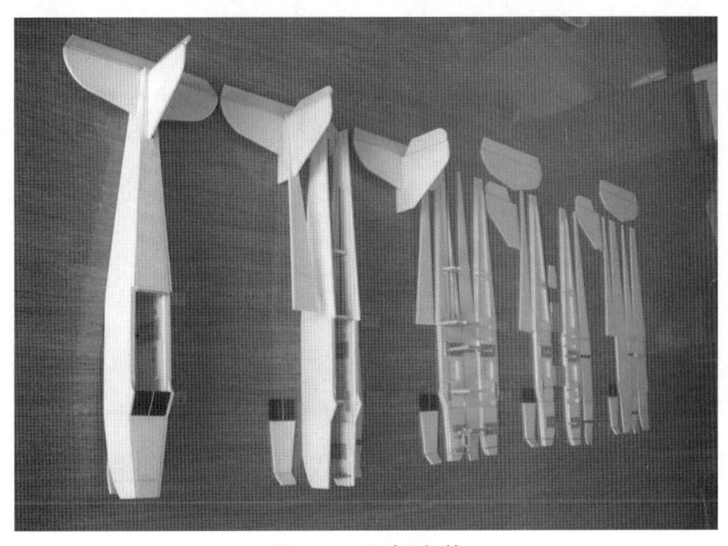

图5-60　隔板安装

2）侧板与隔板对接。在图5-61中可见翼台前后所用三合板加固片（底板上方的两个小部件）。

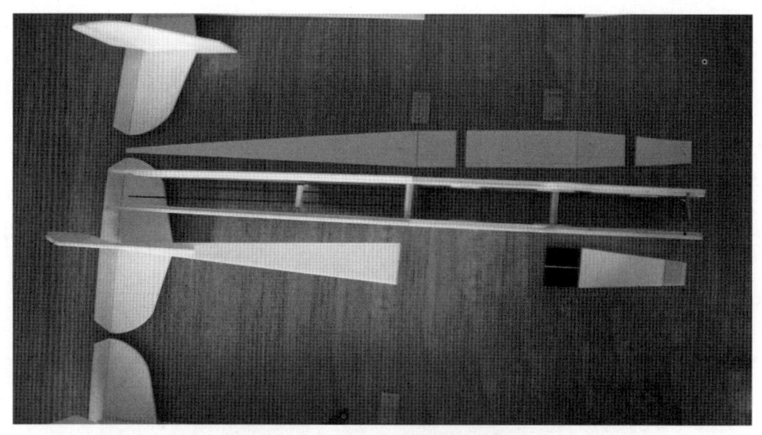

图5-61　侧板与隔板对接

（4）机翼的制作。总体来说，机翼结构制作简单，过程也不复杂，只是对手工能力要求较高，如图5-62～图5-64所示。

图5-62　平直翼安装结构示意图

图5-63　机翼大梁安装结构示意图

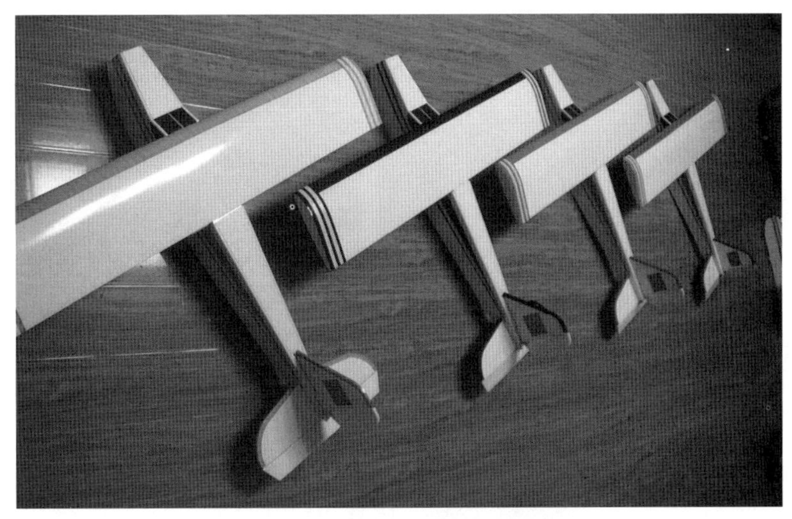

图5-64　副翼安装结构示意图

1）练习机无需对机翼提出过分要求，平直翼即可。

2）以上、下两块盖板中部夹住大梁，根据翼型要求，对有弧线的部位采用刻槽压弯法（如同机头下盖板），在相应位置粘贴好大梁，然后以胶带封装即成。

3）副翼制作比较麻烦，是对手工能力要求最高的部分，不过可以用单层板简而化之，连接方法亦可按尾翼方法或直接用胶带黏结。

（5）涂装、安装机翼。涂装机翼时，先装电机，装电机过程如图5-65所示；接着安装起落架，如图5-66所示；起落架安装好后，插入主起落架，如图5-67所示；再接着安装机翼，如图5-68所示；涂装、安装机翼成品如图5-69所示。

起落架隔板由三层三合板黏合而成，中间一层根据起落架钢丝形状拆解成数个部分，从而起到固定钢丝的作用。翼台后方螺丝当插销，将插销插入隔板相应孔洞。翼台后方如图5-70所示。

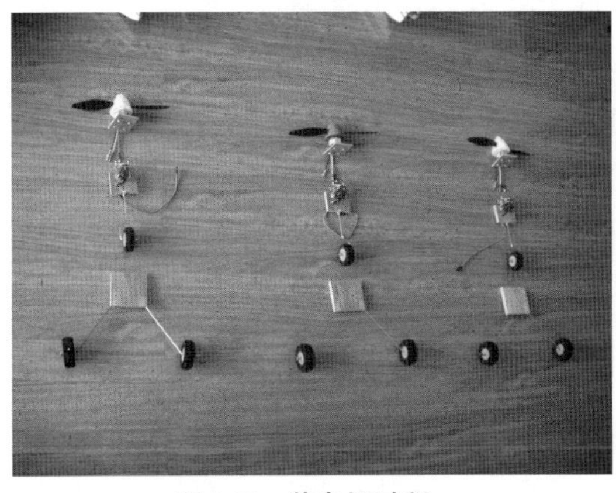

图5-65　装电机过程

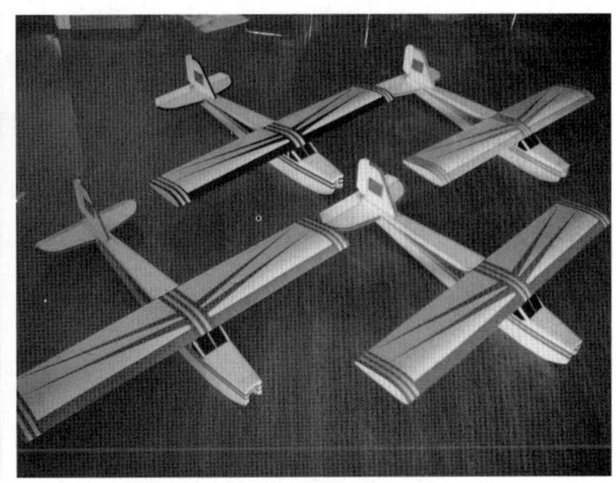

图5-66　起落架安装过程

图5-67　插入主起落架

图5-68　机翼安装过程

图5-69　涂装、安装机翼成品

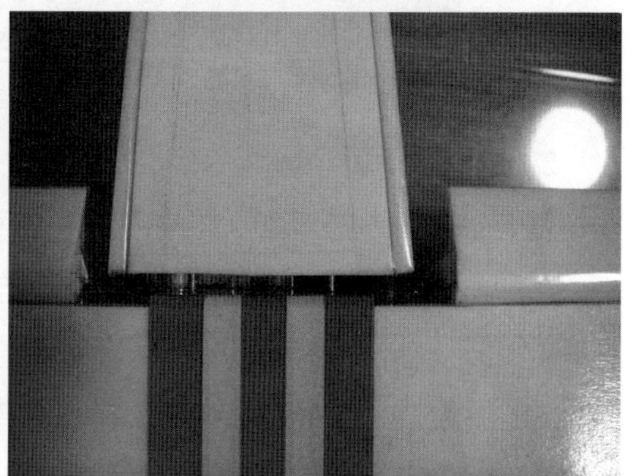

图5-70　翼台后方

5.2.4　航模制作的后期处理

（1）模型喷漆基本方法。

1）组装完成后，喷匀1000号底补土：①便于检查组合上有无缺陷；②可使后续喷上的油漆附着更结实；③能令小部件不透明、有重量感。

2）喷匀42号漆（暗茶色），这是为后面作“阴影色”打基础，同时进一步防止零件透明，并加强重量感，也可用41号漆（红棕色）代替。

3）在全机大面积喷涂39号漆（沙黄色），但要在机身所有的分界线和边缘处留下些暗茶色的底漆，然后在轮胎和负重轮的轮边缘喷（或手涂）上深灰色（注意不是黑色）。

4）用193号漆（德国棕）随意喷出棕色斑纹，这时使用0.3 mm或0.2 mm口径的喷笔，气泵压力不宜过高，如此喷出的斑纹边缘较实。

5）用60号漆（灰绿色）喷出绿色斑纹。注意不要喷得过实，而是浅浅的，否则颜色过于突兀，有不真实感。也可使用192号（德国绿），这样整体色彩会艳丽一些。

6）用“Zippo”油稀释棕黑色油画颜料，渍洗一遍后擦净，机身下部喷些棕黑以表现脏污感，之后轻轻以浅黄色的油画色干扫边缘及凸出细节。

7）先将全机喷一遍亮光漆，再贴上水贴纸，防止水贴纸和机身光泽不统一。水贴纸软化剂是得力帮手，当然根据实际情况也可不采用。

8）喷钩消光剂。这样既降低了全机的亮度，增加了真实感，又可以保护水贴纸和漆层。

至此完成制作。

注意：①上述流程只是诸多手法中的一种，不能以点带面；②上述的漆号是日本“郡仕”牌漆色号，也可用国产的“兵人”牌漆代替，色号相同；③为取得良好效果，应该使用双动式全金属型喷笔。

（2）水贴纸的使用。

1）表面准备。首先，贴水贴纸的表面必须光滑。航模制作者大都喜欢平的表面及平整的涂层，因此要使用水贴纸，需要一个把表面加工光滑的过程。有些工具，例如锉子加工后的表面，无法使水贴纸平整地紧贴在表面。这会使得光线从水贴纸的后面反射，产生模型行业里所称的“反光”效果。因此，制作者使用所喜欢的亮光漆或相似的东西在水贴纸要贴的地方涂上薄薄的一层。如果使用喷笔，可能需要喷涂几次。有些制作者干脆就用画笔刷，但除非光漆层非常薄，否则不推荐这样做。大部分品牌的地板丙烯酸亮光漆都可用于此步骤。因为它非常薄，并且手刷时不留刷笔痕迹。如果有需要，也可以用喷笔喷。一旦光滑表面干透后，就可以贴上水贴纸。

2）粘贴方式。使用水贴纸软化助贴方式。当水贴纸仍然湿的时候，涂上这种液体，它的功能就像一个轻度溶解剂把水贴纸轻微“溶解”掉。这样水贴纸就能和它所贴的表面完全地紧密地融合在一起了。它能贴近缝隙，覆盖凸出的铆钉，环绕曲线。涂上软化剂后，注意不要触摸或移动水贴纸，否则可能会毁掉水贴纸。当水贴纸看上去产生折皱时，说明贴纸软化剂起作用了，但干后它会收缩恢复平整。在水贴纸干后，如果制作者看到有气泡，就把它刺穿，并重新使用软化剂。虽然它不像第一次使用效果那么好，但在无其他解决办法的情况下或多或少会有帮助。

需要注意的是，不同品牌的软化剂有不同的特性，水贴纸也是，因此特别强效的软化剂有可能会毁掉碎薄的水贴纸。所以在不了解某一品牌的水贴纸和贴纸软化剂前，应先在不用的水贴纸上测试效果。在水贴纸干后，用所选的透明漆把它和模型覆盖起来使之更平整。运气好的话，水贴纸会同漆料自然融合在一起，当制作者开始干扫时不会被影响到。

3）需要何种水贴纸。仔细看看模型盒里的水贴纸，比较不同的生产厂家可以发现品质不同。最主要的是看它的厚度，厚的水贴纸不太容易被正确地贴在表面上，并会在边沿留下痕迹。这就需要修正。套色也很重要，这意味着颜色之间边界明显。

（3）模型凹凸面涂装。两种颜色的模型凹凸面涂装：根据水性涂料和油性涂料的特点，分别在凹凸面使用，干透后用水（油）性稀剂擦掉多余部分，能达到一定效果。

5.3 设计模型

按照现成的图纸制作一架模型飞机，不是一件太难的事。但是，如果根据需要自己设计、制作一架飞机，就具有一定的挑战性。当制作者要设计、制作时，会遇到很多需要解决的问题。

为什么要选用这个翼型？翼展和翼弦是怎么确定的？机身长度应该是多少？尾翼的面积需要多大？各部件应该放在哪里？等等。有关书籍较多，只要认真学习归纳，就能找到答案。下面以一架仓机模型为例，介绍如何设计航模。

5.3.1 整体设计

（1）确定翼型。根据模型飞机的不同用途选择不同的翼型。前面介绍过几种翼型。翼型有几千种，但归纳起来，飞机的翼型大致分为3种。

1）平凸翼型。翼型上弧线凸出而下弧线除前缘外均为直线的翼型称为平凸翼型。

平凸翼型的基本气动特性和双凸翼型类似。但是在很多具体指标上都劣于双凸翼型，例如平凸翼型的失速迎角就不大。此外，平凸翼型的阻力也比较大，不适合用在高速飞机上。总体而言，平凸翼型的性能中规中矩，甚至有些差强人意。但平凸翼型的工艺性是所有翼型中最好的，便于大量生产，因此在一些要求不高的低速飞机中得到了广泛的应用。此外，还有一些低速飞机的水平尾翼使用平凸翼型。平凸翼型结构如图5-71所示。

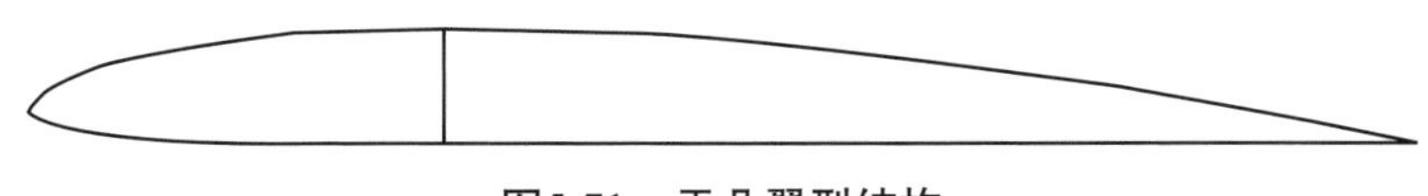

图5-71　平凸翼型结构

典型的平凸翼型是克拉克翼。这种翼型的特点是升力大，尤其是低速飞行时更是如此，不过，其阻力一般，且不太适合倒飞。这种翼型主要应用在练习机和像真机上。

2）双凸翼型。翼型上、下表面均凸出的翼型称为双凸翼型。双凸翼型结构如图5-72所示。

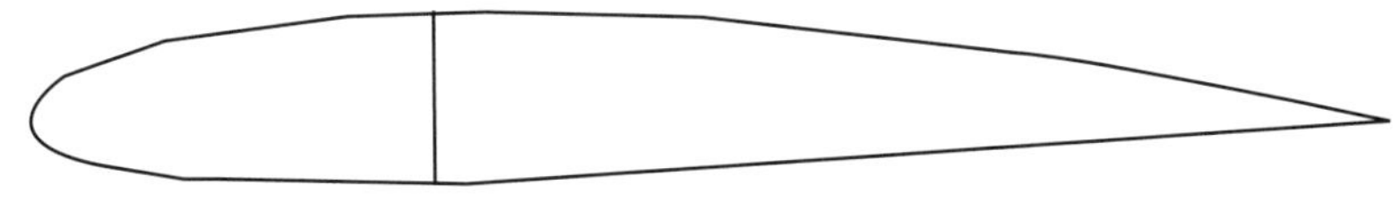

图5-72　双凸翼型结构

一般而言，双凸翼型的上弧线弯度较下弧线的要大，但也有少数翼型（如超临界翼型）是相反的。

双凸翼型的阻力较对称翼型大，但可以获得较高的升阻比。同时双凸翼型的零升迎角小于0°，因此在负迎角下也可以工作。但双凸翼型的失速迎角和大迎角下的升力系数均比对称翼型小。双凸翼型的气动性能优越，可适用于从低速到亚声速直至超声速的范围。同时，双凸翼型的机翼便于加工，结构特性好，在机翼上增加舵面和其他辅助手段可以大幅度提高性能，因此在航空领域得到了广泛的应用。至今大部分飞行器的主翼都使用的双凸翼型。典型的双凸翼型有NACA23012和E195等。

3）对称翼型。翼型上、下弧线对称的翼型称为对称翼型。对称翼型结构如图5-73所示。这种翼型主要应用在特技机上。

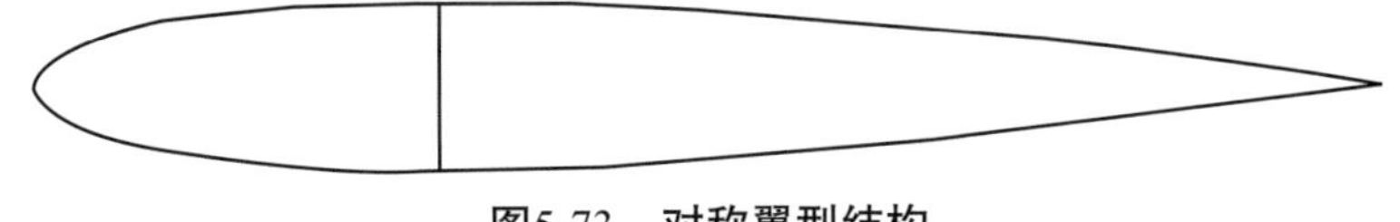

图5-73　对称翼型结构

对称翼型在所有翼型中的阻力是最小的，但同时，在小迎角下其升力系数也非常小。对称翼型的零升迎角是0°，因此使用对称翼型的飞机必须保持一定的迎角才可以飞行，但这意味着使用对称翼型的飞行器正飞和倒飞并没有太大的区别。在大迎角下，对称翼型的升力系数和阻力系数均急剧上升，同时对称翼型还拥有最大的失速迎角，且失速后翼型的升力系数依然维持在较高的水平上，因此对称翼型可以获得较好的失速性能和增升效果，广泛用作低速特技飞机主翼和高性能直升机旋翼。另外，很多飞机的水平尾翼也使用对称翼型，以获得最佳的操纵效果。典型的对称翼型有NACA0009和NACA0012。

较厚的翼型一般用于飞机的主翼，较薄的则多用在水平尾翼上。入门飞手制作的大多是练习机，一般选用经典的平凸翼型——克拉克。

实际上翼型选用是一个比较复杂、技术含量较高的问题。其基本确定思路是：根据飞行高度、翼弦和飞行速度等参数来确定该飞机所需的雷诺数，再根据相应的雷诺数和需要的机型找出合适的翼型。另外，很多真飞机的翼型并不能直接用于模型飞机。这个问题在此就不详述了。

机翼常见的形状又分为以下3种类型。

1）平直翼。平直翼是指无明显后掠角的机翼，一般指后掠角小于20° 、平面形状呈矩形、梯形或半椭圆形的机翼，常用在亚声速飞机上。

2）后掠翼。机翼各剖面延展向后移的机翼称为后掠翼，后掠翼结构如图5-74所示。

这种机翼的外形特点是，其前缘和后缘均向后掠。机翼后掠的程度用后掠角的值来表示。与平直机翼相比，后掠翼的气动特点是可增大机翼的临界马赫数，并减小超声速飞行时的阻力。飞机在飞行中，当垂直于机翼前缘的气流流速接近声速时，机翼上表面局部地区的气流受凸起的翼面的影响，其速度将会超过声速，出现局部激波，从而使飞行阻力急剧增加。后掠翼由于可使垂直于机翼前缘的气流速度分量低于飞行速度，因而与平直机翼相比，只有在更高的飞行速度情况下才会出现激波（即提高了临界马赫数），从而推迟了机翼面上激波的产生，即使出现激波，也有助于减弱激波强度，降低飞行阻力。后掠翼的缺点是扭转刚度差、升力线斜率较小、气流容易从翼梢处分离、亚声速飞行时诱导阻力较大等。后掠翼机翼是目前世界空军装备飞机的主流机翼形式。后掠翼飞机的机动性和操作性，是

图5-74 后掠翼结构

一般机翼飞机无法比拟的。在空空对战中，其良好的可控性大大提升了飞机的生存能力。

3）三角翼。三角翼指平面形状呈三角形的机翼。三角翼的特点是后掠角大，结构单展弦比小，适合于超声速飞行。三角翼飞机是指机翼平面形状是三角形的飞机。其优点是机翼刚性好，容程大，在超声速飞行时气动阻力小，从亚声速过渡到超声速飞行时压力位置变化小。其缺点是亚声速飞行时，气动性能差，起降性能差，飞机稳定盘旋能力不足。三角形机翼结构如图5-75所示。

图5-75　三角形机翼结构

常见机翼类型如图5-76所示。矩形翼结构简单，制作容易，但是质量较大，适合于低速飞行。后掠翼从翼根到翼梢有渐变，结构复杂，制作也有一定难度。后掠翼的另一个作用是能在机翼安装角为0°时，产生1°～2°的上反效果。三角翼制作复杂，翼尖的攻角有误差，翼根受力大，根部要特别加强。这种机翼主要用在高速飞机上。纺锤形翼的受力比较均匀，制作难度也不小，这种机翼主要用在像真机上。制作练习机可选择简单的矩形翼。

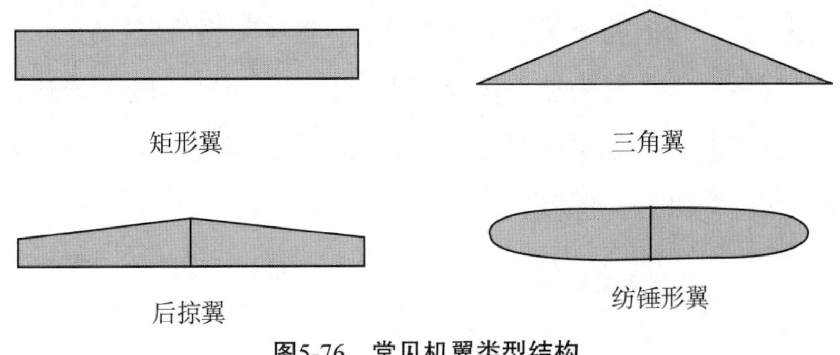

图5-76　常见机翼类型结构

（2）确定机翼的面积。模型飞机能不能飞起来，好不好飞，起飞降落速度快不快，与翼载荷有很重要的关系。

翼载荷是指飞机质量和机翼面积之比。通常说的翼载荷是指起飞时的翼载荷，即起飞质量和机翼面积之比。翼载荷是飞机总体设计的主要参数之一，关系着飞机的起降性能、爬升性能、机动性能、最大航程和升限等。总而言之，要求机动性好、起飞着陆速度小的飞机，采用小的翼载荷，而要求速度高的飞机采用大翼载荷。一般来讲，滑翔机的翼载荷在35 g/dm^{2}以下，普通固定翼飞机的翼载荷为35～100 g/dm^2，像真机的翼载荷为100 g/dm^2，甚至更高。40级的练习机一般质量为2.5 kg左右。又因为考虑到方便携带和便于制作，翼展定为1 500 mm。那么，整个机翼的面积应该为405 000 mm^2。通过计算，得出弦长为270 mm。普通固定翼飞机的展弦比应为5～6。通过验算得知，这个弦长在规定的范围之内。

（3）确定副翼的面积。机翼的尺寸确定后，就该算出副翼的面积了。副翼面积应占机翼面积的20%左右，其长度应为机翼的30%～80%。因为是练习机，不需要太灵敏，面积占比选15%即可。因为要一个舵机带动左右两个副翼，所以副翼的长度要达到翼展的90%左右。通过计算，该机的副翼面积为60 750 mm^2，那么，一边副翼的面积就是30 375 mm^2。

（4）确定机翼安装角。以飞机拉力轴线为基准，机翼的翼弦线与拉力轴线的夹角就是机翼安装角。机翼安装角应为0° ～3° 。设计机翼安装角的目的是使飞机在低速下有较大的升力。设计时要不要安装角，主要看飞机的翼型和翼载荷。有的翼型有安装角才能产生升力，如双凸对称翼。但是，大部分不用安装角就能产生升力。翼载荷较大的飞机，为了保证飞机在起飞着陆和慢速度飞行时有较大的升力，需要设计安装角。任何事物都是一分为二的，设计有机翼安装角的飞机，飞行阻力大，会消耗一部分发动机功率。机翼安装角超过6° 的，在慢速爬升和转向的情况下，很容易失速。像这种平凸翼型，可产生较大的升力，翼载荷又小，不用设计安装角。如果非要设计安装角，会造成飞机起飞后自动爬高。机翼和尾翼安装角位置如图5-77所示。

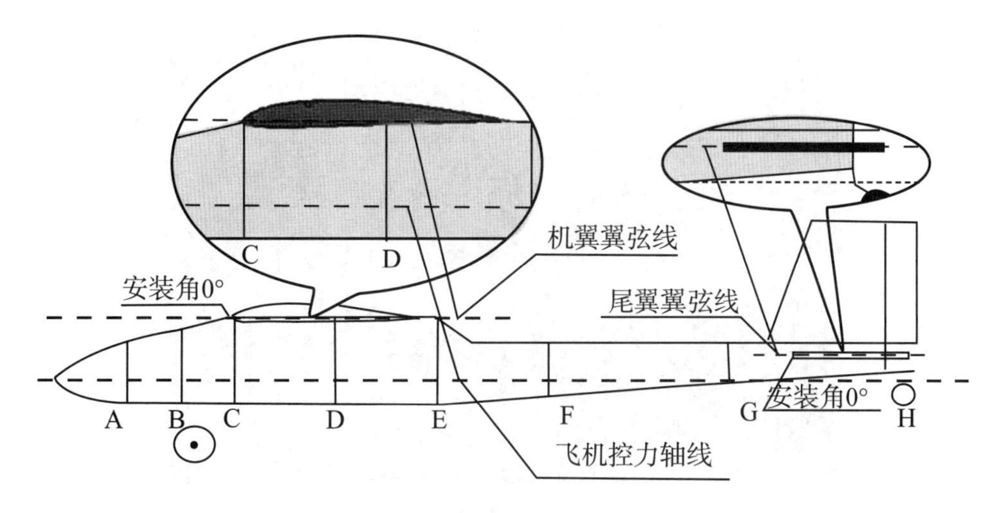

图5-77　机翼和尾翼安装角位置示意图

（5）确定机翼上反角。上反角（Dihedral Angle）是指机翼基准面和水平面的夹角，当机翼有扭转时，则是指扭转轴和水平面的夹角。当上反角为负时，就变成了下反角（Cathedral Angle）。机翼的上反角，是为了保证飞机横向的稳定性。有上反角的飞机，当机翼副翼不起作用时还能用方向舵转向。上反角越大，飞机的横向稳定性就越好，反之就越差。

但是，上反角也有它的两面性。飞机横向太稳定了，反而不利于快速横滚，这恰恰又是特技机所不需要的。所以，一般特技机采取0° 上反角。练习机应具有横向稳定性，选择3° 上反角。

（6）确定重心位置。重心的确定非常重要，重心太靠前，飞机就头沉，起飞降落抬头困难。同时，飞行中需大量的升降舵来配平，也消耗了大量动力。重心太靠后，俯仰太灵敏，不易操作，甚至造成俯仰过度。一般飞机的重心在机翼前缘后的25%～30%平均气动弦长处，特技机在27%～40%处。在允许范围内，重心适当靠前，飞机比较稳定。

（7）确定机身长度。翼展与机身的比值一般是70%～80%，选80%即可，那么机身的长度就确定为1 200 mm。

（8）确定机头的长度。机头的长度（指机翼前缘到螺旋桨后平面的之间的距离）等于或小于翼展的15%。这里选定15%，即为225 mm。

（9）确定垂直尾翼的面积。飞机对航向操纵能力要求不高，即使在超声速飞机上也很少采用全动式垂 直尾翼，如图5-78所示。

图5-78 垂直尾翼

多数飞机只有一个垂直尾翼（单垂尾）。它位于飞机的对称面内。在一些多发动机的螺旋桨飞机上，为了提高垂尾效率，故意将垂尾放在螺旋桨后的高速气流中。为此将垂直尾翼分为两个（双垂尾）或两个以上（多垂尾）翼面。在双垂尾形式中，常将两个垂尾布置在平尾两端，以提高平尾的效率。在超声速飞机上，由于机身比较粗大，为了保证飞机在高空高速飞行时仍有足够的航向稳定性，需要有很大的垂尾面积。如果采用双垂尾形式，可以降低垂尾高度，减小垂尾在侧滑时产生的滚转力矩，同时也可提高大迎角时的航向稳定性。这是因为在起飞着陆时，飞机头部上仰，尾部离地很近，无法布置垂尾翼面。与平尾相同，垂尾翼面的前半部分通常是固定的，称垂直安定面；后半部分铰接在安定面后部，可操纵偏转，称方向舵。垂尾的作用是保持转向在无侧滑状态下进行、在有侧风着陆时保持机头对准跑道、飞行中平衡不对称的偏航力矩（比如多发动机中有一台发动机停止工作造成的偏航力矩）。

垂直尾翼仅仅布置在飞机轴线的上部。方向舵操纵系统中可装阻尼器，以制止飞机在高空高速飞行中出现偏航摇摆现象。垂直尾翼是用来保证飞机的纵向稳定性的。垂直尾翼面积越大，纵向稳定性越好。当然，垂直尾翼的面积，还要由飞机的速度确定。速度大的飞机，垂直尾翼面积大，反之就小。垂直尾翼面积占机翼的10%。练习机飞行速度不高，垂尾的面积可以小一些，选9%左右即可。通过计算，垂直尾翼面积应为36 450 mm^2。在保证垂直尾翼面积的基础上，垂直尾翼的形状可根据自己的喜好自行设计。

（10）确定方向舵的面积。方向舵垂直尾翼后部的一个装置，起保持飞机的航向平衡、稳定和操纵作用。方向舵可以用来对飞机的飞行轨迹进行一些快速修正，发动机推力不平衡时可以用它进行平衡。注意：方向舵不是控制飞机飞行姿态和飞行轨迹的主要工具。

方向舵面积约为垂直尾翼面积的25%。通过计算得出方向舵的面积约为9 113 mm^2。如果是特技机，方向舵面积可增大。

（11）确定水平尾翼的翼型和面积。尾翼的内部结构与机翼十分相似，通常都是由骨架和蒙皮构成的，但它们的表面尺寸一般较小，厚度较薄，在构造形式上有一些特点。一般来说，水平尾翼由固定的水平安定面和可偏转的升降舵组成。水平尾翼对整架飞机来说是很重要的。有必要先搞清常规布局飞机的气动配平（布局）原理。

由伯努利定律可知影响升力大小的因素有：①机翼的面积；②机翼形状的升力系数；③空气相对于机翼的流速；④当时的空气密度。其中以空气相对于机翼的流速影响最大，它直接影响到飞机起飞时的升力，这也是飞机起飞前总是要高速滑行的原因，且是逆风滑行，如此才能取得更高的相对速度，从而取得更大的升力。还有一般飞机会有襟翼，可以增加机翼面积，飞机在起飞或降落的时候，伸出襟翼（可以在乘坐飞机时往机翼看，起飞降落时飞机机翼前缘及后缘会伸展开来），亦是增大升力。除此之外，飞机的升力还和攻角有关。攻角就是机翼前进方向与气流的夹角，因为角度变化，气流会在上翼面后端产生低压区（与空气分离有关），造成更大的压力差，所以升力变大，但达到临界攻角12°～14°时，依照机翼断面形状的不同，低压区转为乱流，造成失速。

形象地讲，飞机在空中的气动平衡就像一个人挑水。肩膀是飞机升力的总焦点，重心就是前面的水桶，水平尾翼就是后面的水桶。升力的总焦点不随飞机迎角的变化而变化，永远固定在一个点上。重心是在升力总焦点的前部，所以它起的作用是低头力矩。由此可知，水平尾翼和机翼的功能恰恰相反，它是用来产生负升力的，所以它起的作用是抬头力矩，以达到飞机配平的目的。因此，水平尾翼只能采用双凸对称翼型和平板翼型，不能采用有升力平凸翼型。水平尾翼的面积应为机翼面积的20%～25%。选定22%，计算后得出水平尾翼的面积为89 100 mm^2。同时要注意，水平尾翼的宽度约等于0.7倍机翼的弦长。

（12）确定升降舵面积。升降舵的面积为水平尾翼面积的20%～25%，因为是练习机，所以升降不需要太灵敏，选定20%。通过计算得出升降舵面积约为17 820 mm^2。如果是特技机，升降舵面积可增大。

（13）确定水平尾翼的安装位置。从机翼前缘到水平尾翼之间的距离（就是尾力臂的长度），大致等于翼弦长的3倍。此距离短时，操纵时反应灵敏，但是俯仰不精确。此距离长时，操纵反应稍慢，但俯仰较精确。F3A的机身长度大于翼展就是这个理论的实际应用，它的目的主要是精确。练习机可以短一些，选2.85倍。那么，水平尾翼前缘应安装在距机翼前缘的785 mm处。

垂直尾翼、水平尾翼和尾力臂这三个要素合起来，就是“尾容量”。尾容量的大小，是指它对飞机的稳定和姿态变化贡献的大小。这个问题可以用真飞机来说明。米格15和F16高速飞行的飞机，为了保证在高速飞行时的纵向稳定，其垂直尾翼设计得又大又高。SU27和F18甚至设计成双垂直尾翼。运输机和客机，垂直尾翼就小得多。

（14）确定起落架。一般飞机的起落架分前三点和后三点两种。前三点起落架，起飞降落时方向容易控制，但着陆粗暴时很容易损坏起落架，转向速度较快时容易向一边侧翻，导致机翼和螺旋桨受损。后三点虽然在起飞降落时的方向控制不如前三点好，但是其他方面均较前三点好，尤其是它能承受粗暴着陆，大大增加了初学者的信心。所以选用后三点。前起落架的安装位置要在飞机的重心前8 cm左右。

（15）确定发动机。一般来讲，滑翔机的功重比为0.5左右。普通飞机的功重比为0.8～1。特技机的功重比大于1。根据经验选用三叶40、46发动机。安装发动机时，要有向下和向右安装角，以避免螺旋桨的滑流对飞机模型左偏航和高速飞行时因升力增大引起飞机模型抬头。其方法是以拉力轴线为基准，从后往前看，发动机应有右拉2°、下拉1.5°的安装角。当然，根据飞机的不同，这个角度还要根据飞行中的实际情况做进一步的调整。就功重比而言，航模飞机与真飞机有着很大的不同。航模的功重比都能轻松达到1，而真飞机的功重比大都在0.3～0.6之间，唯有高性能战斗机才能接近或超过1。也就是说，航模飞行中很多动作都是在临界失速和不严重的失速的情况下做出来的，如低速度下的急转向、急上升、吊机等，只是由于发动机的拉力大，把失速这一情况掩盖罢了。所以航模飞行时，很少能飞出真飞机那种感觉。这也是很多人在飞像真机时，很容易出现失速坠机的主要原因。

5.3.2 绘制三面图

根据上述设计和计算结果，就可以绘制出自己需要的飞机了。绘制三面图的主要目的是得到想要的飞机效果，并确定每个部件的形状和位置，以便在以后的制作中，有一个基本的参考。绘制飞机应侧重简单、实用、容易制作。

绘制结构图的主要目的是确定每个部件的布局和制作步骤，如哪个部件用什么材料、先做哪个部件后做哪个部件、部件与部件的结合方法等。飞机结构如图5-79所示。

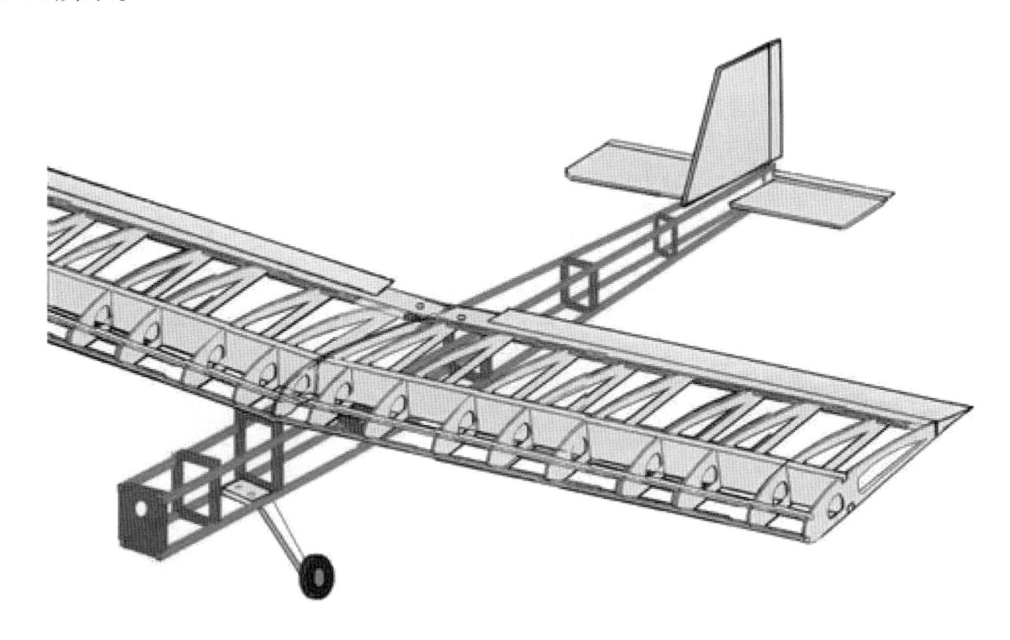

图5-79　飞机结构

根据之前绘制的图纸，做1：1的放样图，目的是在组装飞机各部件时，在放样图上黏结各部件。这样能做到直观准确，提高工作效率。网上有很多介绍制作的资料，可作参考，不再赘述。安装角的正确与否，关系到飞机在空中的姿态能否有效地操控。如果安装角误差大到各舵面都无法调整时，后果就非常严重了，甚至会摔机。机翼和水平尾翼的安装角都是以飞机的拉力轴线为基准的，把轴线平移到发动机的曲轴线的位置，就是这架飞机的拉力轴线。机身骨架做完后，一定要把它画在机身上。在安装机翼和水平尾翼时，使它们的中心线和拉力轴线平行即可。模型制作完成如图5-80所示。

图5-80 模型制作完成

本章小结

本章介绍的几款机型飞行状态较佳，适合新手练习，且取材于常规市场，易于完成材料购置，在不含设备的情况下，整机成本低廉，适于批量制作与练习之用。虽然制作过程稍显复杂，但实现了部件互换，在实际应用当中，若发生事故，可在几分钟内将核心部件取出并装配好备用机继续练习，几乎所有连接、黏结工具都是透明胶带，方便拆装、维修和更换。主要设备有2212 KV1400电机+8060桨、20～30A电调、1500MAH 20C锂电和9G舵机。

第6章　航模的调试与飞行

6.1　航模的调试

（1）检查校正。每架模型飞机制作装配完毕后都应进行检查和必要的校正。检查的内容是模型的几何尺寸和重心位置。检查的方法一般为目测。

目测法是从三视图的3个方向观察模型的几何尺寸是否准确。正视方向主要看机翼两边上反角是否相等，机翼有无扭曲，尾翼是否偏斜或扭曲。侧视方向主要看机翼和水平尾翼的安装角和它们的安装角差，拉力线上下倾角。俯视方向主要看垂直尾翼有无偏斜，拉力线左右倾角情况，机翼、水平尾翼是否偏斜，各舵面工作是否正常等。规模小的模型一般用支点法检查重心，选一点支撑模型，当模型平稳时，该支点就是重心的位置。

（2）力矩平衡和调整。调整模型不但要注意力的平衡，同时还要注意力矩的平衡。模型飞机在空中的转动中心是自身的重心，所以重力对模型不产生转动力矩。其他的力只要不通重心，就对重心产生力矩。为了便于对模型转动进行分析，把绕重心的转动分解为绕3根假想轴的转动，这3根轴互相垂直并交于重心。贯穿模型前后的叫纵轴，绕纵轴的转动就是模型的滚转；贯穿模型上下的叫立轴，绕立轴的转动是模型的方向偏转；贯穿模型左右的叫横轴，绕横轴的转动是模型的俯仰。

对于调整模型来说，主要有4种力矩：机翼的升力力矩、水平尾翼的升力力矩、发动机的拉力力矩、动力系统的反作用力矩。机翼升力力矩与俯仰平衡有关。决定机翼升力力矩的主要因素有重心纵向位置、机翼安装角、机翼面积。水平尾翼升力力矩是俯仰力矩，它的大小取决于尾力臂、水平尾翼安装角和面积。拉力线如果不通过重心就会形成俯仰力矩或方向力矩，拉力力矩的大小决定于拉力和拉力线偏离重心距离的大小。发动机反作用力矩是横侧滚转力矩，它的方向和螺旋桨旋转方向相反，它的大小与动力和螺旋桨质量有关。俯仰力矩平衡决定机翼的迎角，增大抬头力矩或减小低头力矩将增大迎角；反之将减小迎角。所以俯仰力矩平衡的调整最为重要。一般用升降调整片、调整机翼或水平尾翼安装角来改变拉力上下倾角和前后移动重心。方向力矩平衡主要用方向调整片和拉力左右倾角来调整。横侧力矩平衡主要用副翼来调整。

6.2 航模的飞行

（1）起飞。首先，要在飞机完全静止的状态下起动；其次，让飞机在跑道上缓缓地加速，除了油门的控制互相配合外，让引擎在低速运转时保持安定性；最后，要稳定爬升。稳定爬升的具体条件是：拉力等于阻力加重力向后的分力，升力等于重力的另一分力；爬升时一部分重力由拉力负担，因此，需要较大的拉力，升力的负担反而减少了。为了保持一定爬升角条件下的稳定爬升，需要动力和迎角的恰当匹配。如动力增大将引起速度增大，升力增大，使爬升角增大。如动力太大，将使爬升角不断增大，模型沿弧形轨迹爬升，这就是常见的拉翻现象。刚开始要小心缓慢地踩油门，然后让飞机慢慢地滑行，使其加速并保持充分的助跑距离。当助跑距离较长时，要防止起飞之后的失速，同时也可以使下一个动作爬升，在执行上更为稳妥。

练习机一般是前三点式的机种，只要机体的运动设定准确，就能保持助跑时的直线前进。另外，引擎慢速运转时的反扭力以及螺旋桨的气流效应等因素，会造成飞机左偏的现象，可以利用方向舵来进行修正，尽可能地保持直线前进。若采用后三点式机种，起飞就变得困难了，因为后三点式的主起落架重心位置比较靠前，更容易受到引擎反扭力及螺旋桨的气流效应等因素的影响。对于后三点式的机体，如果是采用大力催油门的方式，机体就很有可能会出现在原地打转的情况。为了防止这种情况发生，缓慢地操控油门与适当地操作方向舵互相配合是有必要的。在还不太熟练的情况下，将方向舵放在偏右的位置，对应跑道路边的中央，只要让飞机的机首偏右就可以。此外，以初学者的水准来说，要巧妙地控制方向舵是很困难的，在起飞开始的时候轻轻地打点上舵，让尾翼部分来压抑其滑行路线，以维持直线前进性，如果此时飞机已明显开始加速，则必须使升降舵再回到中立点的位置，这样做的目的是减少主翼的迎角，并借以增加飞机的速度，接着让飞机充分地加速，达到可以起飞的速度之后，再一次缓慢地升高升降舵，进入爬升的状态。在爬升的时候保持和缓的角度来进行，维持标准的上升角度（25° ~ 30° ）。另外，在轮胎离开滑行路线的瞬间，就与前三点或是后三点的机体无关了，这时都会因为引擎的反扭力以及螺旋桨气流效应的影响，而容易出现飞机的左翼倾向于下降的感觉，在这样的情况下利用副翼来修正。保持和缓的角度继续上升，到达一定的安全高度之后，向左边或者向右边进行90° 的空中转向，接着让升降舵回到中立点，进行水平飞行。

（2）平飞。水平匀速直线飞行叫平飞。平飞是一种基本的飞行姿态。维持平飞的条件是升力等于重力，拉力等于阻力。由于升力、阻力都和飞行速度有关，一架原来平飞中的模型如果增大动力，拉力就会大于阻力，使飞行速度加快。飞行速度加快后，升力随之增大，则升力大于重力，模型将逐渐爬升。为了使模型在较大动力和飞行速度下仍保持平飞，就必须相应减小迎角。反之，为了使模型在较小动力和速度条件下维持平飞，就必须相应地加大迎角。所以操纵模型到平飞状态，实质上是发动机动力和飞行迎角的正确匹配过程。

遥控飞行界里常常可以听到“水平直线飞行3年”这句话，虽然正确的水平直线飞行看起来很简单，事实上却非常的困难，不但要飞机倾斜，而且还要维持一定的距离跟高度，要在同样的路线里进行水平直线飞行：①在进行正确的水平直线飞行之前，要先决定水平直线飞行的左右回转的位置，从往返于这两点的飞行开始进行练习，刚开始的阶段往往是需要修正舵面的。②在看得到飞机的范围里，左右回转的点的间隔还是宽一点比较好，从自己所站的位置来决定，参考附近地面上的目标物来决定回转的位置，并且想象有根柱子立在那里。③在飞行中并不是只注视着飞机，而是要将周围的风景也收纳在视野里，要始终掌握适当的位置和高度。

在水平直线的绕圈飞行里，除了要保持一定的高度与位置外，还要特别注意飞机的倾斜。而即使进行直线飞行时，在飞机往左或往右的时候，也会有一点倾斜而无法保持水平。以操控者所站的位置来看，若是低翼机，飞行高度在100 ~ 150 m，位在外侧的主翼只能看到一半；若是中、高翼机，外侧的主翼将只能看到不足1/5。可以站在滑行路线的两端，一边飞行一边接受指示增减倾斜度，只要能够掌握在不同位置所看到的机体形状，就能很快领会正确的水平飞行的诀窍。另外，绕圈飞行是在顺风跟逆风中交互进行的。在逆风的情况下，飞机的速度相对于地面的速度会减弱；顺风的话则相反。因此，踩油门的动作就变得很重要。正确的水平直线飞行还包含了适当的油门控制，不论是顺风或是逆风，均需保持一定的速度、高度、位置。只要结合这3个要素，而且进行多次重复同样的操作后，机体不会倾斜，就可以做到正确的水平直线飞行的操控了。

（3）滑翔。滑翔是没有动力的飞行。滑翔时，模型的阻力由于重力的分力平衡，所以滑翔方向只能沿斜线向下。滑翔轨迹与水平面的夹角叫滑翔角。稳定滑翔即滑翔角、滑翔速度均保持不变的条件是：阻力等于重力的向前分力；升力等于重力的另一分力。滑翔角是滑翔性能的重要方面。滑翔角越小，在同一高度的滑翔距离越大。滑翔距离与下降高度的比值叫滑翔比，滑翔比等于滑翔角的余切滑翔比，等于模型升力与阻力之比。滑翔速度是滑翔性能的一个重要指标，模型升力系数越大，滑翔速度越小；模型翼载荷越大，滑翔速度越大。调整某一架模型飞机时，主要用升降调整片和重心前后移动来改变机翼迎角，以达到改变滑翔状态的目的。

（4）航线飞行。做到正确的水平直线飞行之后，接下来就要开始正确的轨迹练习。在一定的空间里正确飞行，以记住操控杆的位置为目的，让飞机在设想的位置以及高度进行飞行。为了能描绘出正确的轨迹，以正确的水平直线飞行，往返飞行在同一轨迹上，要从记住“P”字形转向开始。“P”字形转向的路线就是像要写出P这个字一样，方法就是开始的地点跟结束地点要一致，飞行方向就是正反向的回转，大约是呈现270° 的左转向与90° 的右转向的情况，当然也可以采取左右相反的方向来进行，组合成“P”字形转向。让飞行方向在一致的高度跟交叉点上，做出180° 的变化。

“P”字形转向的重点在于随着风向的变化让飞机上下移动，利用巧妙的升降舵操作来控制它，决定交叉点和折返地点，并且在正确的地点让飞机折返。在利用P字形转向和水平直线飞行组合，能够重复做出正确的飞行路线之后，下一步就要开始水平“8”字形飞行练习。反复正确做出左转向与右转向，正确地画出“8”字形。在引擎的反扭力和螺旋桨的气流效应的影响下，即使做出同样的摇杆行程量，也会造成左右转向无法取得一致的情况。所以左转向的回转半径较小，机头会容易下降损失高度，如果这时再受顺风或是逆风等要素影响，操控杆的控制就更加复杂。如果是在上风处进行左转向，在下风处进行右转向，不均等的回转半径和高度上的损失影响就会较小。建议最好反复练习，熟练以后，则可尝试相反方向的飞行。

引擎的反扭力与螺旋桨的气流效应所造成的影响，以及风向的不同而产生的浮力变化，还有在飞行时并不是连续进行“8”字形旋回，随着直线飞行稍微增长，再有余力来进行飞行方向和高度的修正。如果水平“8”字形地练习飞行，不能保持一定的左右回转半径跟高度，交叉点就会不断地改变。所以，来回交叉点的位置，也可以作为判断练习飞行技巧的一项标准。

（5）平稳降落。降落是公认难度最高的，即使能够完美地做出空中转向或者是起飞，想要立刻进行完美的降落还是很困难的。起飞与降落看起来像是两个相反的动作，但是其环境却有很大的不同。起飞是从跑道上的一点向着天空飞行。只要风势或飞行场所的条件达到要求，不论向着哪一边滑行起飞都没有问题，一旦飞机到了空中，在适当时机进行转向后，可以开始随着操纵者所操纵的姿态飞行，只要无特殊情况，整个飞行路线并没有严格的限制。

飞机降落前，先让它进入滑行的路线，再降落到预定的位置上，另外，即使平安着地之后，在没有让飞机减速到完全的停止之前，还是不能够掉以轻心的。从以上这几点看来，降落是很困难的。要让初学者学会降落有如下几个条件：①了解风势的强弱。②有指导者在身旁，在飞行前还是让指导者来调整引擎，将遥控器上的油门摇杆拉到最下方时，旁边的微调设定钮则在上半段的范围内移动，这样就能够作细微的转速调整了，当然在微调设定钮移动到最下方的时候，发动机一定得要停止才行。③确保飞行场所安全等。

降落也和起飞一样，逆风进行是原则。即使滑行的路线上多少有一点侧风吹着，对飞机来说也不是大的障碍。但要在正侧风下练习降落，对初学者来说还是尽量避免比较好。如果不能掌握那个感觉，飞机损坏的概率也就会比较高。一旦决定要降落，就要让马达的转速减小，先让机体的飞行高度下降，将飞机带入逆风航线，让飞机充分地保持前进之后，再进入基本的航线。基本上从逆风航线到顺风航线的路程，并没有让高度下降，而是在基本航线里将高度稍微下降。要进入逆风航线的时候，要保持理想的高度是有点困难的，这个时候有必要在顺风航线里调整高度。结束了最后的飞行路线，先让飞机切入滑行路线的中央，再开始最后的空中转向，将飞机导入逆风航线，减小油门，并保持住方向。在飞机起飞之后，马上就进行降落的程序，反复多试几次。飞机从空中降落到平面，在某种程度上来说，是很有挑战性的。因此在实施操作前，还是先通过想象来做几次练习比较好。进行降落的想象练习，首先要掌握现场的环境。自己要站在飞行场所的哪一个地方？而风从哪一边吹来的呢？路线要从哪里开始呢？降落失败的话要如何避免危险？对这些问题都需要很好地解决。

（6）低空飞行。学会空中转向之后，需练习低空飞行，也就是要学会利用低空飞行掌握滑入路线中央的技巧。低空飞行是练习降落的前半段，当引擎调到中低速域时，将机体保持直线并且低空飞过。基本上，飞机速度减少时，安定性也会降低，因此刚开始就用经验速度来尝试，尽可能让它保持在一定的高度并且稳定地直线飞行，避免呈现左右摇杆的状态：①当遥控飞机飞到天空中之后，即使是舵面有些倾斜，飞机还是会持续地飞行，对于一般的练习机而言其影响变化并不大，加上飞机又飞得远，一般的操控者比较不会去注意到这些变化。但相对地，要对飞行路线进行精准的控制。不过当飞机从远距离向低空飞行时，由于飞行高度的降低，操控者会产生压力，进而不得不去对偏离的飞行路线作出修正。飞机到最后飞行的阶段，准备进行滑行时，操控者不要去转动整个身体，而是只转动头部观察飞机，这是因为飞机在操纵者的正前方的话，有可能会使副翼等舵面进行反向操作。为了将这种危险性降到最低，不要将整个身体转向飞机，而是只转动头部看飞机，这样就能针对飞机的飞行姿态来作出正确的判断。②飞行场所的条件也是会有影响的。不要让着地点在操纵者跟前。这是为了避免降落后的飞机出现左右晃动的情况，误将方向舵弄反。理想的接触地面位置是在操纵者的前方，再从这一点开始进入慢慢滑行的状态，就能够冷静地进行方向舵的操作了。③离去前的绕圈，也就是说是否要重新进行降落，要早一点进行判断。即使是感觉到有不安全因素，也要马上催加油门，回到空中转弯的状态。

（7）空中转向的基本操作方法。飞行大致上可以分为起飞、空中转向和降落3部分。其中最简单的就是空中转向，接下来才是起飞和降落。学习在空中完美地转向不只是提升技术的一个关键步骤，也是挑战高难度技术时的必经之路。空中转向，作好微调，使飞机可以直线飞行，飞到了足够的高度之后，再控制发动机的速度，就完成先前的准备工作了。 空中转向操纵杆的动作相对比较简单，基本上，初学者在空中盘旋时所使用的舵有两种，一种是升降舵，一种是副翼。即使方向舵是固定式的，飞机还是可以盘旋的。为了避免操纵杆的操纵错误而造成机身乱动，将方向舵固定住。飞机是靠副翼来左右摆动的，并由打上舵，来维持盘旋高度。在打了方向舵之后，机身要进行转向之前，会有一些时差。

6.3 飞行操作注意事项

要掌握好起飞和着陆的原理和技巧，起飞和降落是每次飞行中的两个重要环节，迎风起飞，迎风降落。航模起飞之前首先要观察周围环境。影响起飞的首要条件是风向、风速，最主要的一点就是迎风起飞。航模也可手投起飞，方法是一手将油门推到最大，一手将飞机向前水平投掷，也可以跑道滑行起飞，一般来说手投起飞相对跑道滑行起飞更省电、更快捷。更需要对航模起飞前进行专业检查。查看离地迎角，离地迎角的角度决定于抬前轮或抬机尾的高度，离地迎角大，离地速度小，起飞滑跑距离短；但离地迎角又不可过大，离地迎角过大，不仅会因飞机阻力大使飞机增速慢而延长滑跑距离，而且会直接危及飞行安全。襟翼位置：放下襟翼，可增大升力系数，减小离地速度，因而能缩短起飞滑跑距离。起飞质量：起飞质量增大，不仅使飞机离地速度增大，而且会引起机轮摩擦力增加，使飞机不易加速。因此，起飞质量增大，起飞滑跑距离增长。 机场标高与气温：机场标高或气温升高都会引起空气密度减小，一方面使拉力或推力减小，飞机加速慢；另一方面，离地速度增大，起飞滑跑距离必然增大。跑道表面质量：不同跑道表面质量的摩擦因数，滑跑距离也就不同。跑道表面如果光滑平坦而坚实，则摩擦因数小，摩擦力小，飞机增速快，起飞滑跑距离短。反之跑道表面粗糙不平或松软，起飞滑跑距离就长。风向风速：起飞滑跑时，为了产生足够的升力使飞机离地，不论有风或无风，离地空速是一定的。但滑跑距离只与地速有关，逆风滑跑时，离地地速小，所以起飞滑跑距离比无风时短，反之则长。滑跑坡度：跑道有坡度，会使飞机加速力增大或减小。

（1）起飞：起飞时应大油门直线滑跑，直到速度大概够了，轻拉升舵，注意动作要轻。若飞机离地，则继续保持上升；若飞机未离地，将升降舵回中，继续加速，直到能离地。起飞之后，注意调整升降舵，不能让飞机上升角度太大，若飞机有明显上仰且明显减速，则很可能进入失速状态，此时要立即松掉升降舵，待其恢复至自由下坠状态后加大油门，配合升降舵以避免其下坠。

（2）转向：转向时，切忌压着副翼不放，这样会使飞机持续横向转动，进入螺旋。要注意转向角度不宜太大，转向半径应尽量小。在转向角度合适时，应该将副翼回中，待转向目的达到后，将副翼反向调整至飞机水平。此外，方向舵也具有转向作用，但一般不单独使用。

降落：降落是整个飞行过程中最难的一项，不同飞机的起降性能不同，因此每一个机型都需要一段时间才能熟悉降落。降落时应先对准跑道，降低速度以便降低高度，待飞机快接近地面时轻拉升舵，使飞机的降落滑行曲线类似一条指数增长式曲线，并在接地前，保持适量升舵以让飞机仰头平稳接地。需要注意的是，在下滑后，速度应保持接近失速的状态，以避免出现拉升降舵飞机飘起；若降落失败，应视情况加大油门复飞。在任何飞行状态，都需要注意的是，手指要保持在遥控器操纵杆上，去感受用力，调整时应缓慢，要避免突然大量修正。

另外，还需要注意以下两方面：

（1）保障安全，不在人多的地方飞，否则一旦失控或操作不当，很容易发生事故，航模可能会对人造成很大的危害。在技术条件或环境不够好时，不要盲目做超出自己能力的动作，如超低空、飞过头顶等。

（2）不同的飞机对飞行场地要求不一样，要选择合适的场地飞行，以免出现安全事故，或飞机损坏等。起飞前，仔细检查飞机，在升空之前处理好问题。起飞前注意检查电池电量，电量过低有可能导致电池过放，进而损坏电池。油门位置：油门越大，螺旋桨拉力或推力越大，飞机增速越快，起飞滑跑距离就越短。所以，一般应用最大功率或在最大油门状态起飞。

飞行前一定要充分做好地面准备工作，主要有以下几项：

（1）操纵系统的运转必须可靠。

（2）可操纵的距离必须足够远，对于全新的遥控设备最好在空旷地面实测，其可控距离至少为300 m；可以将发射机天线全部缩进再测试，此时地面可控距离一般仍应为12 m以上。

（3）飞机的机翼、尾翼不能有明显的扭曲变形，安装足够牢固。

（4）机翼与尾翼的安装位置必须正确，重心位置必须符合设计要求。通常，模型飞机的重心可设定在距机翼前缘30%处；动力滑翔机可设在33%～35%处。

6.4 初学者练习方法指南

（1）初学者要选择无风和小风的天气放飞，电动模型的起飞方式在国内大都采用手上起飞，可由助手和操纵者本人放飞。放飞者的正确姿势应当是将机身摆平，对准风向快速跑直到感觉飞机略有上浮时用力将模型沿水平方向推出。可以使机头稍微抬高一点，但不能太高，否则会引起模型失速。出手时必须对准风向，在大风天气时也是如此。可在发射机的天线顶端装上一根柔软的飘带用来判别风向。起飞时，操纵者与放飞者应保持适当距离，这样有助于找准风向，并且有助于避免在大风场合下一出手就转向而进入下风区的被动局面。

（2）模型出手后要操纵它顶风直飞。操纵者可面对着风盯着模型尾部并注意它的上升姿态。如模型出现左右倾斜的趋势，应立即操纵方向舵来纠正，以保持模型顶风直线飞行的姿态。练习时要掌握好操纵量，尤其要注意不宜过大。当看到方向舵并见到模型已向一边倾斜时，即可收杆让舵面回中，同时注意观察模型的动向。如果发现操纵得过猛应立即打反舵，即进行同原来相反的方向操纵来加以纠正。反之，如果感到操纵量不足，则可补充操纵。

（3）开始阶段的任务是使模型顶风爬升到上风区的一定高度，有了一定高度后再调头转向就比较安全。有些动力比较弱的滑翔机，往往在飞出较远距离后其上升高度仍偏低，但这时又必须调头转向，故在转向时出现掉高度的现象。这种模型往往给人以飞不起来的感觉。这里要注意的是转向时舵量不能太大，只要模型出现转向的趋势便可松杆，让模型进行一个大半径的转向。处理方法是利用升降舵与方向舵的配合。应注意的是升降舵在模型处于倾斜状态时，它所产生的操纵力矩既有水平方向的俯仰力矩，也有垂直方向的转向力矩。也就是说，它不仅影响模型的俯仰运动，也会影响模型的飞行方向。因此可以用拉杆来带动并加快模型在倾斜状态下的转向。对于没有副翼的飞机，操纵转向动作的较好方法是先打方向舵，当模型开始出现一定程度的倾斜时再松开方向舵操纵杆，同时略微拉杆到转向将完成时再松手。采用这种办法，即使在大风场合也能使模型完成小半径转向而不掉高度，但具体操纵量和打舵的时机要合适。在模型顺风飞回到操纵者面前15 ~ 20 m处，便可进行第二个转向。注意，不宜让模型飞过操纵者的头顶而进入下风区再转向。转向后可让模型继续顶风直飞，一直爬升到较高处再进行其他动作。调整到适当位置。切记勿让模型飞机飞到下风区去。因为模型逆风飞行的速度很慢，特别是模型机头对着操纵者飞行时，左右舵面的操纵方向与眼睛观察到的模型倾斜姿态呈相反方向，初学者往往很难适应。而操纵稍有不当便会使模型调头顺风直下，要再转向顶风回来。这时，应选择在小风天进行，先将模型飞到下风区的高处，在近距离范围内进行训练，然后逐渐飞远些。如果遇到大风，模型顶着风较难飞回来，可微微拉点杆，让模型在比较小的迎角下以小角度俯冲飞回来。最危险的飞行区域是在下风区的远处。当模型的操纵发生任何一种不正常的情况时，都应当考虑是否立即关掉电动机。因为滑翔状态下的模型要比有动力时“听话”得多。因此，当出现可能摔飞机的危险情况时，就应当及早关掉电动机，否则带动力摔下的后果很严重。

（4）盘旋飞行和“8”字形飞行是最基本的飞行动作。只是由于电机动力比较小，必须先推杆让模型俯冲加速然后再拉杆翻过来。要做“翻跟头”动作的模型机翼中段必须具有足够的强度，否则做动作时有折断机翼的危险。波状飞行是在操纵飞机时经常遇到的，如不及时改变往往会摔坏飞机。应对此情况简单有效的办法是：在模型向下俯冲到最低点并即将抬头之时，适量的推杆，并维持到模型机头摆平又有下冲趋势时松手。关键是掌握适当地推杆量。还有一种方法是在模型开始向下俯冲时就拉杆，而在冲到底时改为推杆。因为俯冲开始时模型速度很慢，拉杆的作用很小。操纵杆和手指的关系应当做到“松而不离”。手指不能离开操纵杆是为了可以及时作出反应，但也不宜紧紧地压住，否则会引起手部肌肉紧张、疲劳或僵硬，从而失去细微操纵的敏感性。如在操纵过程中由于太紧张而出现慌乱，甚至不能明确手中操纵杆的偏转量，就应先松一下手让操纵杆自动回中，然后再把手指压上进行适量的操纵。

飞行过程中，每进行一次打舵后都需要密切注意观察模型的反应，并随时做好下一步修正的准备。这种修正往往需要一定量的反向操纵。当然，也会有因上次操纵量不够而需要继续顺方向打舵的情况。

本章小结

在航模飞行之前必须先进行目视检查和电子设备的调试，必要时应检查航模飞机的稳定性等参数。学习在空中完美地转向不只是提升飞行技术的关键，也是挑战高技术时的必经之路。对于想要操作遥控飞机的初学者而言，好的转向技术将使遥控飞机的飞行魅力加倍。总之，完美的空中转向是要练习的各种飞行技术中最基本的。初学者在练习时应注意先熟悉起飞和降落，随后可以进行爬升、降落练习和航线练习等。

参 考 文 献

[1] 杨华保. 飞机原理与构造[M]. 2版. 西安：西北工业大学出版社，2011.

[2] 李仁达. 模型飞机的构造原理与制作工艺[M]. 北京：航空工业出版社，2008.

[3] 徐金华，万轶，胡皓勇. 材料力学[M]. 西安：西北工业大学出版社，2015.

[4] 赵文峰. 控制系统设计与仿真[M]. 西安：西安电子科技大学出版社，2002.

[5] 刘明俊，于明祁，杨泉林. 自动控制原理[M]. 长沙：国防科技大学出版社，2000.

[6] 李元凯，李滚， 雍恩米，等. 飞行器制导与控制原理[M]. 北京：高等教育出版社，2017.